世界 *> the* World

想象东亚

方法与实践——聚焦韩国「东亚论」二十年

苑英奕
王浩银 编译

生活·讀書·新知 三联书店

图书在版编目（CIP）数据

想象东亚：方法与实践——聚焦韩国"东亚论"二十年／苑英奕，
王浩银编译. —北京：生活·读书·新知三联书店，2020.6
（世界）
ISBN 978 − 7 − 108 − 06788 − 3

Ⅰ . ①想…　Ⅱ . ①苑…②王…　Ⅲ . ①思想史 − 日本 − 现代 − 文集
Ⅳ . ① B313.5-53

中国版本图书馆 CIP 数据核字（2020）第 067185 号

责任编辑　卫　纯
装帧设计　薛　宇
责任校对　龚黔兰
责任印制　宋　家
出版发行　生活·讀書·新知 三联书店
　　　　　（北京市东城区美术馆东街 22 号 100010）
网　　址　www.sdxjpc.com
经　　销　新华书店
印　　刷　北京隆昌伟业印刷有限公司
版　　次　2020 年 6 月北京第 1 版
　　　　　2020 年 6 月北京第 1 次印刷
开　　本　880 毫米 × 1230 毫米　1/32　印张 6.5
字　　数　146 千字
印　　数　0,001 − 3,000 册
定　　价　44.00 元
（印装查询：01064002715；邮购查询：01084010542）

作者简介

崔元植：仁荷大学国文系名誉教授，曾任《创作与批评》期刊主编，创批出版社理事，文学评论家。

白乐晴：首尔大学英文系名誉教授，曾任《创作与批评》期刊主编，创批出版社理事，文学评论家。

全炯俊：首尔大学中文系教授，曾任《文学与社会》期刊主编，文知出版社理事，文学评论家。

白永瑞：延世大学历史学系教授，《创作与批评》期刊主编，创批出版社理事，历史学家。

林荧泽：成均馆大学汉文学系名誉教授，汉文学研究者。

赵东一：首尔大学国文系名誉教授，文学史学家。

柳俊弼：首尔大学中文系教授，东亚思想史研究者。

任佑卿：成均馆大学东亚学术院研究教授，中国现当代文学研究者。

郑在书：梨花女子大学中文系名誉教授，神话学研究者。

李政勋：首尔大学中文系教授，中国当代思想史研究者。

白池云：首尔大学统一和平研究院研究教授，中国现当代文学研究者。

金明仁：仁荷大学国语教育系教授，曾任《黄海文化》期刊主编，文学评论家。

目 录

何为东亚话语？

东亚与人文情怀

▌ 东亚的现在与未来

序一：为了正确质疑

全炯俊

看到苑英奕教授编译本书的目录我似乎又找到了二十年前的感觉。之所以"不忘初心"这句话令人倍感珍重，正是因为人们很容易忘记初心。虽然说初心并不一定是纯洁无瑕且正确的，但它作为一种最初的体验，可以成为反省自身的根基。

二十年前，正值东欧和苏联的社会主义体系解体、大韩民国和中华人民共和国建交之际，韩国的东亚话语突然变得炙手可热。其中，吸引人们眼球的话语主要集中在政治学和经济学方面，这两个学科的论者们不自觉地，或者说冠冕堂皇地高举起了本国中心主义的旗帜。与此相反，文学和人文学方面的学者，警戒本国中心主义的同时还追求批判性的自我认识，他们探索一种互惠互利的共同性，这种反省式的论者亦不在少数。我本人尽管与这种反省式的论说在某种程度上达成了共识，但同时也坚持了我的立场特色。我想，这可能与我中国文学研究的学术背景有很大关系。

刚开始我的观点主要是从比较文学角度出发的。作为韩国文学评论家在评论韩国文学的时候我会参照中国文学，而作为中国文学研究者在研究中国文学的时候，我又会自然而然地联系到韩国文学。如此，在我的学术视野中自然形成了韩国文学和中国文学之间比较文学性的相互作用，这一学术视角下形成的学术成果便是《现代中国文学的理解》（1997）。接下来我于2003年出版了《东亚视角下的中国文学》一书。那么东亚视角和比较文学观点有何不同呢？如果说关注两个主观之间的相互作用的视角是比较文学的话，那么东亚视角设定了一个囊括两种主观的集合性认同感，并在对照这种认同感的过程中去把握主观。如果说前者是跨主观或者相互主观的话，后者可否说成是共同主观？我已经记不清当时为何我的思路从比较文学滑向东亚了，但或许让人质疑的是，这种区分是否过于机械、过于做作。例如，英韩词典中对英语 intersubjective 的解释是跨主观、相互主观、共同主观三个汉字词，但并没有将该词解释为囊括各种主观的集合性认同感，使用 subject 的单词中并没有上述意思。此外，令人质疑的是我所设定的"东亚"这一概念是否能够涵盖其实质。仅凭中国和韩国的共同性就能断言其为"东亚"了吗？也就是说，我是否也陷入了韩－中中心主义这个陷阱？如今我不得不承认这些质疑都是合理的。那我的错念究竟始于何处？回归初心是否就能够发现错念的源头？

亚洲这个词的语源虽然众说纷纭，但一般来说，它作为古希腊希罗多德与希腊－欧罗巴（欧洲）和 埃及－利比亚（非洲）相比之下的一个地区概念，通常指代波斯帝国或者安纳托利亚地区。地理学家中的一部分并不将亚洲和欧洲、非洲视作单独的大陆板块。在他们看来，欧亚非大陆为一个大陆板块，这片大陆中有亚洲、欧洲、非洲三个地区。这三个地区的接壤地带则是波斯、希腊、埃及。亚洲里面具体又分为北亚、东亚（或者东北亚）、东南亚、

想象东亚：方法与实践

中亚、南亚、西南亚等区域。其中属于东亚的地区和国家有俄罗斯的远东地区、蒙古、日本、中国东部地区（包括台湾岛）、韩国、朝鲜等。这里需要注意的是远东地区以外的俄罗斯不属于东亚，东部地区以外的中国也不属于东亚。中国的西部地区（新疆和西藏）属于中亚，蒙古也要视其语境决定是属于东亚还是中亚。

以上简单确认了一下基本的地理情况。然而东亚话语中的东亚和这种地理学上的东亚可以说是大相径庭。东亚话语中主要的标准是文化。所以汉字文化圈成为其中重要的标准，地理位置上的东亚包括中国、韩国、朝鲜、日本，还有东南亚的越南。为何会出现如此局面呢？这需要追溯到欧洲因素。进入近代以来，在西方殖民主义统治和影响下，东亚各国一直在筹谋如何摆脱其影响。但最终并没有取得脱殖民的满意成果。究其根源，还是在于一国主义的局限性。西方可以说是由欧洲和美国组成的，那么与其相对抗的"我"就成了中国、朝鲜半岛和日本构成的一国性想象共同体，究竟这个共同体如何能在"斗争"中取得胜利呢？在这种语境下，作为文化区域的东亚就被想象了出来。与此同时，"我"从一种一国性的想象共同体扩大、强化为地域性的共同体。如果说这种扩大强化的"我"是作为一种集合性认同感的"共同主观"而被指称的话，东亚话语的核心正是不断追求这种共同主观。这种共同主观并存着巨大的积极可能性与严重的消极性危险。日本的亚洲主义最终走向了"大东亚共荣圈"，这便是消极性危险的一个集中体现。这种危险也是来自本国中心主义。本国中心主义表面上高举共同主观的旗帜，但实际上是把自己的主观强加给他者而产生的结果。究竟该如何回避这种危险？曾经犀利地批判日本极端的本国中心主义、受后人尊敬的日本学者竹内好提出了"作为方法的亚洲"这一概念。竹内好的"方法"对韩国的东亚论影响深远。可以说韩国东亚论者中有不少人接受了竹内好的"方法"，"作为方法的东亚"备受关注。但"方法"终究只是方法。它在回避危险的时候十分奏效，然而在实现积极的可能性的时候则显得力不从心。正是考虑到"方法"的这种局限性，韩国的东亚话语开始关注到了"实践"。因为"东亚"是一个在实践中形成的概念，而不是一个先验性的既有实体。

我认为，无论是"方法"还是"实践"都是有必要的。东亚论不应该由方法滑向实践，应该同时兼容方法与实践。对我来说，现在重要的不是考虑东亚究竟是方法还是实践，而是我们是否应该重新思考"共同主观"这个想象自身。假如"共同主观"这一想象仅仅是一种幻想，那么我们就应该从根本上调整东亚论。再补充一点的话，就像重视一国内部的定义一样，也应该重视地区内部的国际性定义。国家主义最后的误区就是国与国之间应该本国利益当先的原则。东亚这个想象——方法与实践应该积极地思考国际性的定义。

苑英奕教授的编译以文学和人文学为主进行了筛选排列，其中部分文章能够彰显韩国东亚论反省的一面。这些文章包含了对后殖民主义实践的反思、对国家主义和民族主义的警戒、对本国中心主义的批判认识等，希望它们能够同思考这些问题的中国读者们形成一种生产性的对话。同时，仍有少数文章尽管没有摆脱本国中心主义的陷阱，但作为反面教材也希望能够引起读者一定的反应，甚至对话。未知的读者们往往让作者们心有悸动，在此特向中国读者们表示感谢！

序二：直视分断

孙歌

在我有限的韩国之行中，曾经有过两次接近"三八线"的经验。"三八线"自然无法让我这等寻常外国人涉足，说是"接近"，也并没有看到，我只不过在韩国友人的陪同下，远远地在允许人们抵达的极限之处想象一下那个把朝鲜半岛一分为二的人为界线而已。

然而比起那条分界线来，倒是这两次经验本身更吸引我。第一次参观了一个著名的建筑，是在韩国一侧边境修建的瞭望台。在瞭望台的顶端，我可以通过望远镜清楚地看到朝鲜一侧的"模范村"。整齐的房屋似乎无人居住，但是，据说每到节令，便有朝鲜民众在那边"演示"社会主义生活。不过，这种对峙比不上瞭望台中层的陈列室更为真实。在这里有一个大沙盘，形象地演示了南北两个社会之间交换工业品、农产品以及其他生活用品的途径，那网络虽然算不上稠密，却也相当繁盛。这个沙盘打破了我关于南北对峙的干燥想象，在经验上丰富了南北间忽冷忽热的流动感：无论政治权力和资本的操控多么严酷，民众总是会在各种缝隙之间、在有限的条件之下经营自己的生活。

第二次参观的是距离"三八线"更近的地方，我本是去该地附近的出版城开一个会,抓住闲暇时间去了这个地方。这里不仅看不到"三八线",也看不到朝鲜的模范村,在一片开阔地上建了一个瞭望塔,望出去也不过是林地和原野。这次参观与上次不同,让我印象深刻的是此地的观光化,大批旅游车把来自韩国各地的人们以及慕名而来的外国人运抵此地,使它绝不亚于风景名胜地。一些上了年纪的韩国人,立在高处向着北方眺望,想来是在惦念朝鲜的亲人吧;而更多的年轻人则饶有兴致地在瞭望塔周围明显带有游乐园色彩的各种设施里钻来钻去,看上去十分快乐。我在参观一处模拟战壕的时候遇到一位来自中国东北的朝鲜族姑娘,她在此当导游已经有些年头了,职业化地向我们叙述南北开战时的状况,努力动员我们去买相关景点的门票。我问她,在此地做这份工作有什么感受?她似乎很奇怪我为什么提出这个问题,答非所问地回了一句:韩国人对我挺好的。

仅仅签订了停战而不是终战协定的朝鲜半岛,恰如一个休眠火山,它至今也没有结束战争状态,随时可以不宣而战地"恢复"战争。建立在这个火山口上的韩国社会,也就形成了自己特有的生态景观。记得有一年,在韩国短期授课,正巧赶上了南北局势恶化,有些外国人纷纷撤离,很多中国留学生也在考虑回国暂时躲避。然而在距离"三八线"并不遥远的首尔街头,一眼望去,熙熙攘攘的韩国民众却丝毫没有惊慌之感。他们照常工作和生活,也照常娱乐和休闲。我看着韩国民众的从容,不仅心生疑问:他们如此笃定,难道仅仅是因为无处可逃吗?

一位学生家长回答了我的问题。她说:我们韩国自从1953年停战以来,一直就是这样的呀。要是一有风吹草动就想着逃,那还怎么生活！我们韩国人，一直活在战争的阴影里，已经习惯了。她叹了口气又说道：你能理解吗？我们韩国人真的不容易啊！

这些浮光掠影的经验，虽然还远不足以理解战争威胁常态化之中的韩国社会，却让我获得了理解白乐晴先生"分断体制"论述的途径。为数有限的韩国生活体验，让我对这位韩国思想家的思考发生了极大的兴趣。通过白乐晴先生所揭示的朝鲜半岛分断现实背后的机理，我理解了一个并不直观的悖论性问题，即世界资本主义对于全球的控制，正是通过制造各种意义上的分断完成的。与常识感觉相悖，资本的全球化，正是"分断"的全球化过程。在某种意义上，今日世界的战争作为政治手段中的最后一张牌，其目标已经悄然发生了转移。它服从于维持分断这个目标，只要分断这一动态平衡基本稳固，战争威胁的功能就有了微妙的扩展：与其说它的威胁在于它爆发的现实可能性，不如说更在于作为威吓的手段不断再生产。韩国的民众，最为切实地体会到了这种"家门口的硝烟"的苦涩，在抗议美军在韩国的军事部署的同时，他们也不得不面对日常生活中不断在白热化之前转化为动态平衡的新的"分断"。正如"三八线"附近经营的旅游景点所显示的那样，民众会把一切无法选择的条件转化为生活的一个部分，分断也是他们不得已而只能接受的生活方式。曾经的战争与难以预知的未来，伴随着几代人的生老病死、离散聚合，不断生产着韩国民众的历史感觉与现实关怀，也把种种难以言说的情绪刻印在他们的身体记忆与情感记忆之中。

韩国知识分子正是在这样的情境之中承担着言说的责任。大约正因为如此，他们才在面对半岛危机的时候不忘记"东亚"乃至"亚洲"。我相信，除了半岛的现实危机使得他们不可能关起门来之外，这也是因为他们没有忘记历史。朝鲜半岛自古就是一个与东亚密切相关的区域，特别是近代以来，它的荣辱兴衰也一直是东亚历史的一部分。中日甲午战争以半岛为媒介，日俄战争以半岛为症结，其后的日本对朝鲜半岛的殖民地占领，以及战后全世界建立战后格局时半岛上爆发的朝鲜战争，在在都暗示着它的命运与东亚命运的密不可分。而今天以"六方会谈"的结构存在于朝鲜半岛的国际政治力学关系，正显示着这个分断状态所汇集的国际政治内涵。南北分断，岂止是韩国与朝鲜的"内部问题"，它不仅是亚洲的问题，也是世界的问题。

　　本书的作者多是与我有过交往的韩国学者，有我一向敬仰的师长，有我多年合作的朋友，当然，也有未曾谋面却感到可以相知的学人。在韩国，文学往往承担政治学的功能，提到韩国文学，我不免总是想起曹丕那霸气的说法："盖文章，经国之大业，不朽之盛事。"直视分断，是几代韩国学人传承的思想责任，也是流淌在当今韩国文学中的历史血脉。他们的东亚论，有着异乎寻常的顽强生命力，我想，这与韩国社会处在东亚的周边，却缠绕了多重历史脉络的悖论特质有关：它是周边的，它又是核心的。白永瑞喜欢使用的一对概念，一个是"双重周边视角"，一个是"历史的核心现场"。在这两个概念之间，存在着特定的历史关联，而这关联恰恰通向了"东亚"。在动荡起伏的半岛局势面前，倾听来自这一处于东亚周边核心现场的声音，也是我们无可回避的课题。

2017 年 10 月于北京

编译者序

苑英奕

　　《想象东亚：方法与实践——聚焦韩国"东亚论"二十年》一书的编译策划源于我在首尔读硕博期间所做的一些翻译工作，现在想来已经是十几年前的事情了。当时，中韩学术界交流正值高潮，各种大大小小的东亚学术会议在首尔各个大学频繁召开，作为朝鲜语专攻者，1999 年就赴韩留学的我不仅接受了韩国诸多名师的指点，有幸的是借助当时四处召开的东亚会议之机，我旁听到了很多著名中国学者的讲座、报告，其中非常有印象的有姜义华、孙歌、崔之元、汪晖、甘阳、贺照田、陈光兴、旷新年、贺雪峰、罗岗以及作家余华等，现在已经记不清当时这些名家们所讲的内容，也无法全部记住他们的名字，总之有的是我赶赴旁听所见，有的则是以现场翻译或以翻译助手的身份得以旁听学习。而在这些会议上韩方学者的论文我则会常常接受委托负责笔译。也许正是有缘参与了这种翻译任务，所以每逢东亚会议，我都会兴冲冲地赶赴现场，但往往是扫兴而归。会议开始的时候大家态度都比较积极，可往往论至一定程度便各持己见，如李政勋所说变成了"自言自语"的会议。而总的印象就是，会上往往可以看到韩方学者积极主动地提出"东亚"概念，但由于其论述过于强调朝鲜半岛的作用，又加之中国学者很难换位思考韩国学者急迫的心情，以及韩国人文学近几十年来介入政治的方式，所以往往结果毫无进展。毕竟中韩断交四十几年，而建交才不过二十几年，而论到学术交流也不过从新世纪以来才逐渐活跃频繁起来。由此，我萌发了系统地译介韩国学者"东亚论"、为中韩学界交流搭建桥梁的想法，无论韩国学者的"东亚论"对中韩学界的沟通是否有建设作用，也不管中国学者是否能够接受，至少在交流之前需要一本实事求是地系统反映韩国学者"东亚论"态度和立场的书做基垫。

2017年是朝鲜半岛局势危机严重的一年，美国在韩国部署萨德，中韩关系进入冷战之后前所未有的紧张状态，在这个关口上译介此书似乎十分不合时宜。然而国际关系风云变幻，尤其是一衣带水的中韩两国自古至今闹过无数次悲欢离合的历史剧。对于爱好和平的每一个普通人来说都希望世界安好、生活平静，做中韩比较文学研究的我希望中韩关系友好的心情自然尤为迫切。放眼未来，希望此书能够为中韩学界互相沟通奠定基石。

由于编者学术水平有限、视野不够宽泛，此书的内容编排难免有不妥之处。然编者苦思冥想从以下几个角度选定了该书内容：首先，此书的三个篇章间可视为承接关系，"何为东亚"主要选取了"创批阵营"的三位评论家和"文知阵营"的一位评论家所论述的东亚。众所周知，20世纪六七十年代，韩国文坛被称为以《创作与批评》和《文学与知性》为代表的"季刊时代"，这两大进步期刊分别以"文学＋政论"和"文学＋理论"为特色，从不同的角度保持了左派学术的锐利视角，为韩国的思想史发展奠定了坚实的基础。"东亚论"则主要由"创批阵营"提出并推广，其中崔元植先生的《后冷战时代与东亚视角的探索》一文发表于1993年冷战格局刚刚打破之时，笔者认为，无论从该文的深度和广度上来讲，在韩国"东亚论"的始出上都是不可缺少的、浓墨重彩的一笔。而白乐晴先生长期以来作为《创作与批评》的主编，是最早提出"东亚论"的学者之一，有学者认为20世纪80年代他所提出的"第三世界民众"概念便是后来"创批""东亚论"的源头。笔者认为，在二十年间白乐晴先生诸多论及东亚的文章中，其思想也不断修正发展，而最有代表性的就是他提出的东亚"市民"概念，其论述始终围绕朝鲜半岛的南北统一问题对东亚的影响，如其所述："朝鲜半岛式的统一正是市民参与型的统一。根据人们参与的程度以及如何参与，统一这一目标的具体内容也会随之发生变化，这是一个开放性的统一过程。"其"东亚论"很大程度以统一朝鲜半岛的方式为"民官"式而非"官民"式民间合作为例，论及了民间自然形成的东亚共同体的重要性。因此，笔者前思后量选取了其《朝鲜半岛的统一过程与市民社会的作用》一文。与其相关，白永瑞先生作为"创批"的另一位重要成员，以其中国史学研究者的独特视角，从国际关系、亚洲具体历史事件等角度将"创批"提出的"东亚论"更加具体化、实感化，本书从其众多文章中选取了《连动的东亚，棘手的朝鲜半岛》一文，一是因为其中的"连动"概念具体强调了朝鲜半岛的安危在东亚起到核心作用的"东亚论"主张，二是因为该文发表于2010年，与上面1993年崔元植先生、2006年白乐晴先生的文章有一种承接发展关系，比较系统地反映了"创批"的东亚思想脉络。作者在文中不仅再次提出了白乐晴提出的"市民参与型"统一的重要性，还从历史学、政治学的角度参考了宁应斌、徐京植等人的观点提出了在东亚建立与民族国家相对的"复合国家"的主张。而编者认为全炯俊先生的文章最为冷静沉着、精髓深远，我这么说并非因为他是我的导师，是因为他的《相同的与互异的》一文并没有从一时的社会现象出发，而是从哲学的角度对整个东亚思维的形成进行了深远的思考，他在竹内好所提出的"作为方法的亚洲"基础上从"同异"两种辩证的角度，进一步推进了东亚哲学思维发展。文中时刻警戒陷入"本国中心主义"的东亚论和理念性被政治利用的"东亚论"，为此作者提出了"东亚没有中心，同时到处都是中心。它们之间的对话和沟通、连带当然是有可能的"；最终，作者从"东亚作为方法"的角度指出"东亚最终应该是一种为了克服西欧中心的、资本主义性近代的方法"。作为中文学研究者兼韩国文学评论家，全先生敏锐沉着的视角是编者平生追求的动力。

本书的第二部分为"东亚与人文情怀"，以文学角度的"东亚论"为主题。首先，这一章节中选取了韩国文学史泰斗赵东一先生的《东亚口传叙事诗的价值》一文，他从文学角度论证了东亚，赵先生的文中提出了一种以韩国口头文学为发端的东亚文化圈的设想。即由韩国文学走向东亚文学，再由东亚文学走向第三世界文学，然后从第三世界文学走向世界文学。赵东一主张这个方向是为了推翻欧洲文学的普遍性、中心原理，推论出世界文学本就没有中心这个道理。但这一主张同样有本国中心主义的嫌疑，特别是在他国学者眼中，这一逻辑往往显得十分牵强。但笔者认为，且不论他的论证是否合理，其文学史构想本身反映了韩国学者的勇气和霸气，这种学问态度也是对部分韩国学者做学问态度的一个客观反映。林荧泽先生作为汉学研究者的泰斗，在本书所选的

《小说向现代语文的实现之路》一文中通过考察近代韩国小说中从汉文到散文体，再到白话体，最后到现代小说国汉文体的转变，说明了韩国文学史与东亚文化的连带关系，梳理了现代语文实现的每一个步骤。其论述缜密细致，耐人思考。柳俊弼先生作为东亚思想史研究者活跃在东亚学界交流一线，《"东亚"的意义》一文从最为熟知的竹内好先生的东亚思维出发论证。作者虽然身处韩国学者立场上论述，但同时兼顾了他国学者的立场，文中毫不避讳地提出："大部分韩国的东亚论实际上只不过是民族主义的策略之一而已。……韩国的民族主义是受害者带着对于加害者的道德优越感，并将其作为自己正当性的依据而生产出来的。"而作者关注的是"通过'东亚'，应该真正质问的课题是，不依靠受害者受害的经历、跨越加害对受害结构的方法究竟为何？"。在分析了竹内好、鲁迅的思想之后，作者最后提出："一个抗拒实体化、通过内在于流动的现实中才能获得的批判性的契机。"这篇文章不仅进一步深化具体了东亚思想的实质，而且反映了部分韩国学者对民族主义主导的东亚论反省批判性的态度。任佑卿女士的《中国内部的东亚文化》一文从大众文化的角度结合"韩流"的前因后果，深入浅出地对中国内部所存的东亚文化进行了勾勒梳理，虽然该文不是学术论文，但她作为多年的中国思想史研究者，其文章对中国社会洞察仔细、思考敏锐。

　　本书的第三部分为"东亚的现在与未来"，如本书题目所述，这一章节的文章在立足东亚现状的同时，结合具体的方法与实践展望了东亚的未来前景，提出了几种具体的案例。郑在书先生的《迈向东亚之路》在梳理了韩国思想史上主导"东亚论"的几个团队的主张后，提出了从文化角度，特别是从微观的神话、传说等传统叙事中为东亚人制作文化基因版图的主张，其文中援引了不少历史典故，提供了一趟东亚文化之旅。李政勋先生作为中国现当代文学研究者和真正的中国通，长期以来为东亚学界交流做出了无私的奉献，他的文章《实践者的东亚或国民国家历史的彼岸》发自肺腑，坦率地提出了目前东亚学术交流的痼疾——民族主义，因此他建议东亚各国在反思民族主义、批判本国式后殖民主义的时候应该借助竹内好的"东亚作为方法"的思路，"最终创新性地跨越国民国家的界线"。这篇文章同样充满了自省、警戒本国中心主义的感情色彩。白池云女士的《东亚地域秩序的构思和"民间联合"的作用》一文反映了其多年来活跃的实践活动基础和敏锐的学术视角，她的论文通过东亚民间交流的具体事例展望了东亚未来的可能性。实际上该文提出的东亚实践案例也是对白乐晴先生提出的"民官"式合作推动东亚发展的思想的一个举证，故此，编者认为该文可以视为第一章中"创批"团队东亚理论的具体实践报告。金明仁先生的《对亚裔留学生寄予的期待》一文虽然短促，但其选取的留学生实例无疑是东亚交流最有希望的未来，作者所在的仁荷大学也是集中反映中国留学生状况的教育一线基地，作者虽不是"东亚论"主要论者，但其20世纪80年代作为韩国激进派评论家权威代表，立足于关注底层社会、弱势群体，他对亚裔留学生的关注是与立足第三世界、新世纪东亚概念的更新等含义有关，从另一个角度提出了东亚的方法与实践。

另外，除了这三部分在内容上的安排之外，本书选取的十二篇文章跨越了1993年到2010年前后近二十年的时间，而这二十年也正是韩国"东亚论"最为活跃的阶段。最后，书中的十二位作者分别反映了老中青三代学者不同的学术视角和做学问的态度。

尽管本书中所编译的文章并非全部为论文，有的是会议演讲稿，有的则为随笔式短评，似有参差不齐的感觉，但编译者认为"东亚论"不应该局限于枯燥思辨的论文中，亦可以在轻松自由的日常交谈中获得更大进展。希望本书的编译能够传达以上信息。

本书的翻译皆由编者和王浩银女士共同执笔，浩银女士作为专业译者不仅翻译态度严谨，其学术献身精神亦可嘉。编者作为留韩归国学者，为学术界能做的贡献极其有限，除了译介别无所能，因此本书的翻译并未向出版社索取翻译版税。而在此条件下，由于时间紧迫当我向浩银女士发出共译邀请之时，她爽快答应。由于译者们水平有限，如译文有疵，望读者多提高见，期待有朝一日再版时加以修正。如上所述，书中大部分文章为本人学生时代所译，后补的五篇文章中浩银女士负责了郑在书先生文章的全文翻译、林荧泽先生和白池云女士文章后半部分的翻译，最终由我负责润色定稿。本书最终问世首先要感谢十二位笔者一直以来的支持理解与鼓励合作。也要感谢一直以来给予我鼓励支持的两位老师——全炯俊和孙歌老师，是他们总是在我最困惑的时候无私地为我指点迷津、为我解惑。当然，本书的出版要感谢大连外国语大学提供的出版资助，同时感谢三联书店卫纯先生，他在中韩关系遭遇困难之时却不辞辛劳地积极推进该书出版。此外，还要感谢大连外国语大学领导与同人对我赴美密歇根大学访学的支持，让我有足够的时间完成翻译润色。同时也感谢在美期间密歇根大学 Nam 韩国学研究所提供的良好学术资源。最后，感谢一直以来默默支持我的家人以及即将降生的孩子！

丁酉年春 于密西根大学 Hatcher 图书馆六楼

何为东亚话语？

崔元植

后冷战时代与东亚视角的探索

一、刷新思维

美国和俄罗斯于 1993 年 1 月 3 日签署了第二阶段的战略武器缩减协约（START Ⅱ），从而，即便"无核时代"的完全实现困难重重，但只剩下形骸的美苏冷战体制也可以说几乎濒临完全瓦解的境地。如今真正到了我们把创新应对后冷战时代、刷新既往冷战思维视为最切实的实践性课题之一的时候了，我们不能再只是喊喊口号。古人云，窥梧桐一叶而知天下之秋，然而即便天下落叶遍布也难辨季节者，却大有人在。这是因为无一例外，我们都深深植根于冷战思维中。

可以说，仍旧高喊反苏、反中、反北的人尽管可笑，但仍旧熟背亲苏、亲中、亲北教条的人也不无问题。仅仅将马克思主义作为清算对象的人更是令人质疑。小册子马克思主义 [1] 虽然应当清算，但如今马克思还没被解禁就因苏东社会主义遇挫而丧失魅

---

[1] 经向作者确认，此处的"小册子马克思主义"意为"把马克思主义简单总结为纲领的教理问答式马克思主义"。——译者注

力，在如今这种纷繁复杂的情况下，我们才真正应该从后冷战视角对其进行彻底的考察，而非将其作为独一无二的运动指南去信仰。今天，切实需要我们从理论信仰中解脱出来，从"即时即地"的视角彻底解构马克思主义。

我今天也难以忘却列宁《帝国主义论》1917年版本的序言中，提到有关"奴隶的"语言的这段话：

> 我写这本小册子的时候，是考虑到沙皇政府的书报检查的。……在目前这种自由的日子里，重读小册子里这些因顾虑沙皇政府的书报检查而说得走了样的、吞吞吐吐的、好像被铁钳子钳住了似的地方，真是感到十分难受。在谈到帝国主义是社会主义革命的前夜，谈到社会沙文主义（口头上的社会主义，实际上的沙文主义）完全背叛了社会主义、完全转到资产阶级方面，谈到工人运动的这种分裂是同帝国主义的客观条件相联系的等等问题时，我不得不用一种"奴隶的"语言。[1]

列宁这一"奴隶的"语言的概括，对于一直以来面对严酷审查制度的韩国知识分子来讲，是十分容易引起共鸣的。但细细想来，不正是"奴隶的"语言才反证了列宁思维的创新性吗？它意味着列宁的思维和落后的俄罗斯具体社会状况不断地碰撞，最终形成了和马克思主义相异的基础。如果列宁当时尽情地享受舆论自由的话，他便不是列宁主义的创始者，而有可能不过是一个

---

[1]《列宁全集》第27卷，第575—576页，人民出版社，1990年。

亡命之徒罢了。众所周知，列宁主义在落后于西欧的俄罗斯，把当时被视为洪水猛兽的共产主义转变为一个国家实体，将主张从成熟资本主义向社会主义过渡的马克思主义和自己的生活现实进行辩证的结合，最终实现了创造性的飞跃，并由此成为最强有力的统治 20 世纪的思想模范之一。

列宁主义的创造性在当今反而成为其被降格的借口，一部分学者们并不认为苏维埃革命是马克思所定义的无产阶级革命，而将其定位为职业革命家集团发动的军事政变。虽然这种观点不无道理，但不得不说它有些偏颇。十月革命是工人、农民、士兵、知识分子广泛参加的社会革命，曾有观点胸有成竹地提出"当时的布尔什维克党仅有十几万党员，与其说它领导革命成功，不如说他们正是因为这种劣势，所以必须尊重人民大众的要求、活力、自发性，从而称其领导了革命运动，这种逆向关系才是十月革命领导的机制"。（庄野新：《俄罗斯革命的观点》，《俄罗斯·苏联》，1980 年）党的领导问题并非那么简单。

我今天在这里并非要为已成为既有模范的列宁主义而辩论。只不过我想强调这一事实：列宁主义的当代创造性，是紧密联系俄罗斯具体现实而诞生的。为了督促我们思维的更新，在后冷战时代这个世界史的变化中，我们也需要在和具体现实的碰撞下来生产创造性的模式。

坦率地讲，在我们思想史的历程中，也许是由于总被边缘化，所以屡屡出现极端倾向。也就是说，通常将思想分为正统和异端，即便是脱离正统一点点，就要采取歼灭式态度将之打成斯文乱贼，这里存在由一种偏狭的意识形态独裁所产生的强烈诱惑！朝鲜人张维（1587—1638）曾经慨叹过：

中国学术多歧，有正学焉，有禅学焉，有丹学焉，有学程朱者，学陆氏者，门径不一。而我国则无论有识无识挟笈读书者，皆称颂程朱，未闻有他学焉，岂我国士习果贤于中国耶？曰非然也。……但闻程朱之学世所贵重，口道而貌尊之而已。不唯无所谓杂学者，亦何尝有得于正学也。

这种情况是以理论和现实事先达成的和谐为信仰基础的，一直到现代接受基督教和马克思主义的时候也毫不例外。学界对外国人说一些脱离教科书的话不以为然，但倘若我们本国人一谈，便开始对其怀疑，这种偏见仍然根深蒂固。东学思想[1]是一种独特的思想，它顽强拒绝安逸稳定，而学界对于安自山这样有独创性的国学者却视而不见，对金芝河诗人的"生命思想"或者白乐晴教授的"分断体制论"却也持"事不关己高高挂起"的态度。如果要清楚我们在迎接东亚文明的曙光这条路上任重而道远的话，那么首先应该从这些陋习中解脱出来。

二、最近的东亚局势

在步入后冷战时代之际，围绕朝鲜半岛的东亚局势也发生了剧烈的变化。其最主要原因在于苏联的解体。苏联为经济开发

---

[1] 东学思想是1860年崔济愚以民族传统思想敬天思想为基础融合了儒教、佛教、道教思想而整理的一套民族宗教思想。所谓"东学"指的是能够对应西学（天主教）的东土韩国的宗教。主张"人乃天"的平等主义和人本主义，同时主张"辅国安民"思想。——译者注

而不得不削减国防费用，1989年苏联从东南亚战略据点越南的金兰湾基地撤回海军。接着和韩国建交，又为长期以来中苏纷争画上了句号。中国将苏联归为修正主义，而苏联将中国定为教条主义，曾互相批判。在长达四千公里的国境线上分别驻扎的一百万、六十万对垒大军，最终伴随中俄关系解冻而消散，导致俄罗斯的远东军事实力大幅缩减。

因此，亲苏、反中的蒙古和越南迈出了和中国关系正常化的步子。但亚洲最初就转向社会主义体制的蒙古问题也并不简单。从沙俄时代开始成为中俄矛盾集中点的蒙古地区，在日本侵略中国后，又受到了日本的介入，局势变得十分复杂。其结果是外蒙古在苏联莫大的影响下独立，而内蒙古则成了中国的一个自治区，这样一来它虽然不是分断国家，但却是一个准分断地域。在社会主义体制下，号称民族问题被解决了，但如今从苏联和东欧的情况来看，可能也没那么简单。在资本主义国家走向新的统合的同时，与之相反，过去社会主义国家的民族分离现象不能不说是一种反讽。在这一点上，有必要聆听一下某种观点：在本国国境内包容了许多少数民族的中俄之间矛盾的化解，实际上是对美、日的牵制，也是对分断在国境内外的想要谋取独立的少数民族发出的一个警告。

像中国、苏联、美国这样怀抱诸多问题的大国在继续维持帝国版图的同时参与到新的时代中，到底是否会力不从心呢？我并非借此说所有种族都分裂为独立国家是一件好事。白乐晴教授提到朝鲜半岛统一方案中的"一民族，一国家"原则时，这样说道："如果不对'国家'概念进行大幅修改，创新一个新复合国家形态，那么作为克服分断体制的方法要采取联邦或者

联合体制是很困难的。"（《为了认识分断体制》，《创作与批评》
1992年冬季刊），这个提议不仅适用于朝鲜半岛，而且我认为也
许可以广泛推广。

苏联海军从金兰湾撤军，化干戈为玉帛，越南结束了与中国
长期的敌对关系。1991年11月越南和中国建立正常邦交，12月
李鹏总理访越，大大降低了在中越关系恢复后曾一度成为纷争焦
点的南沙群岛问题所带来的武力冲突可能性。苏联和美国从东南
亚撤退武力后，越南和中国选择了新的协作方式。中国已经以云
南省为据点开始了对包括越南、缅甸、老挝等国家在内的西南经
济圈建设，越南也需要进行越南版民主化的革新。

结果，越南和曾是敌国的韩国于1992年12月22日正式建
交。我看到越南参加1988年奥运会时十分吃惊。坦率地讲，按
我预计的话，就算其他社会主义国家都参加，越南也会缺席。这
个事件让我再次深刻体会到国际关系的冷漠无情。但韩国外交部
部长对两国过去的历史只做了"对曾经的不幸时期深表遗憾"的
简单陈述就了却是非。此话怎会如此耳熟？这和日本天皇曾曰的
"痛惜之念"又为何如此之像？真是奇耻大辱。日本曾对此说："韩
国自己不努力解决自身过去历史，却只对别的国家提要求。"这
种戏弄又怎么能是偶然之举呢？

如果不能清楚地认清我们对越南战争的责任的话[1]，韩国和
越南之间就不可能发展出真正的友好关系。不仅如此，这对于改

---

[1] 1964年9月，韩国作为美国盟军先后派驻三十万士兵参与越南战争，成为
美国阵营的第二大派兵国家。战争期间曾同美国士兵一起在越南各地大批杀
害越南平民。——译者注

善韩日关系，以及进一步在国际社会中树立我们的位置是不利的。就算是被批为"亚帝国主义"也是无话可说的。这在国际上是个问题，在国内，现在我国社会仍旧没有将越南战争从禁忌的领域中解放出来。虽然不乏亲历越战的李泳禧教授所发表的勇气十足的论文和作家黄皙暎的长篇小说《武器的阴影》等，但考虑到我们远远不及对越战有良知的美国人所做的痛苦确认工作，我们的确应该强烈地唤起对这个问题的认真关注。

但我并不是要将越战作为原型而一味地进行回忆。我认为应该充分认识到越战在旧殖民地民族解放运动的延长线上，或曰从后冷战的视角重新认识越战，从而将其视为我们所追求的新统一之路的他山之石。越南和韩国在建交的同时，并没有真正追究过去的历史，这其中暗示了越南式统一的问题。

当我们注意到两个大轴美国和苏联即使在冷战体制凌然相对的时候也是相互依存这一点，就可以预见一方的崩溃必然会引起另一方的变化。换言之，东欧圈的变革并非美国领导下的世界和平的开端，而相反意味着它的终结。民主化问题不光存在于苏联，在美国更为切实。从这一点上来看，克林顿的登场可以看作美国版民主化的开端。

美军正在撤离东亚。1992年11月坐落于菲律宾苏比克湾的亚洲最大的美军基地撤销，连同克拉克美空军基地的撤销，美国武装在东南亚消失了。虽然美军仍然驻扎在韩国和日本，但可以预料得到早晚会遭裁减或者完全撤离，在帝国主义列强威胁下呻吟的亚洲人怀抱已久的夙愿——获得真正的自主性，恍然间已走近现实。

此时，当务之急是我们看待美国的视角需要均衡地进行调整。我国社会中亲美派和反美派之间矛盾不断。但这两种视角都无法避免偏见。在后冷战时代来临之际，地域纷争反而不断增加，如丑恶的索马里内战就是因为美苏两国军队分别从索马里和邻国埃塞俄比亚的撤退，而点燃了战火。美苏在东亚后退，而别的国家则向着这个空白进军，考虑到这一点，与远交近攻这一传统的外交战略相比照，我们对于美国的视角也有必要进行新的调整。

伴随着美国的变化，东亚资本主义各国也开始了新的变化。夏威夷原住民们要求独立的声音日益高涨，泰国的军事政权崩溃，日本政治体制也开始发生分裂。1955 年自民党 – 社会党体制在冷战局势下应运而生，它对内保障了自民党的长期执政，对外进行了独特的角色分工，而苏联的解体反而从底部动摇了自民党的一党统治。

我们应该注意到一种观点，关注到积极参与冷战体制、从战后的废墟上一跃而起的日本。欧洲共同体、北美自由贸易协定是对应日本资本而缔结的，没有日本根本上的变革，就没有亚洲的和平。我们期待日本能够以"战后改革是利用天皇的权威实现的、将主权由天皇向国民移动的政治革命，是一种权威主义民主化"（姜尚中：《和亚洲的断绝，和历史的断绝》，《世界》1992 年 10 月号）为特征，"55 年体制"的崩溃发展为根本上的政治革命，从而令日本回归为亚洲的真正一员。

尽管如此，对于日本最近的行动我们无法掩饰忧虑。日本极右派将继韩俄建交后的韩中建交非难为牵制日本的新三国同盟，与此同时日本天皇于 1992 年 11 月访问中国后，中日关系日益密切。中日对决固然是问题，但中日亲密亦非祥兆。日本正面撞击重视人权和民主化问题的克林顿政权奉行的中国政策，这样一来就相当于站在了与中国相关的明确的反美战线上了。虽然不能说传统的美日同盟关系从根本上已经瓦解，但美日之间的裂缝已经露出了征兆。再次，不得不关注另外一个报道：最近日本和澳大利亚以包括亚洲、太平洋国家在内的宽泛地域统合为目标，达成了建设地区经济圈的协议。已经采取席卷世界经济姿态的日本向来反对区域化，为何现在态度逆转？我们可以注意到，对此有关人士认为日本此举是为了牵制美国在亚洲、太平洋地区排除日本、扩大北美自由贸易协定（NAFTA）的意图。

台湾地区立法机构选举中在野党民进党的胜利带来了不少的变化。正是因此台湾的统独争论，即主张呼应大陆一国两制吸收统一的统一论者，和对此反对的"台独"论者们之间的矛盾，将日益深化。如何解决台湾问题才能成为新东亚秩序中有意义的举措呢？台湾的统一论者们，像著名的反体制文人陈映真先生曾经将"台独"论批判为继承日据时期皇民化运动的新的反民族性皇民运动（《台湾近现代文学思潮之演变》）。但"一国两制"的方式不仅对我们来说很难实现，在台湾问题上也并非易事。

韩中建交之后我们几乎将中国台湾抛诸脑后，这是我们社会根深蒂固的一个毛病。正如冷战时期固守着"亲台冷陆"的路线一般，如今的逆转也同样成为问题。不仅如此，朝鲜以南方外交对抗韩国的北方政策，致力于开拓与澳大利亚、菲律宾特别是和台湾地区的交易通道，所以是否理睬台湾地区和朝鲜半岛紧密地咬合在一起，需要我们冷静成熟地对待。

如上概述，后冷战时代的今天，东亚各国与地区之间存在着千丝万缕的、难以想象的利益交错关系。正如铃木佑司所说，在东亚，虽然美国和苏联并非这一地区的大国，而且即使中国和日本也并无积极支持冷战的意识，即便欧洲型的冷战是不成立的，但由于发生了朝鲜战争和越南战争这两次热战，所以这一地区遭受了与欧洲不同的巨大的灾难（《世界》1992 年 10 月号）。之所以欧洲型的冷战不成立，还因为在东亚去殖民化是一个比冷战更重要的课题。苏东社会主义国家虽然解体，但中国、朝鲜、越南等社会主义仍旧能够坚持的原因就在于，这些国家的体制中深深地留下了民族解放的烙印。

当下，无论是苏维埃社会主义还是美国资本主义，以及东亚的民族解放型社会主义，都已成为陈旧的模式。时代呼吁我们应该充分尊重这些年的历史实验，大胆创新地摸索一种真正的东亚模式，一种能够超克狭义的民族主义的、推动东亚的连带的模式。

三、为何是东亚?

那么我们追求的东亚的连带或者东亚的视角究竟为何种视角？

首先应该指出的一点是，它绝不能堕落为东亚封闭的地域主义。冷战之后美国和俄罗斯的影响力在这一地区虽然有所减弱，但这两个国家仍然在东亚维持着强大的武力。即使美国完全撤军，但俄罗斯作为东亚国家重要一员，仍会在这一地区维持一定的武力，美国也不会将既得的太平洋统治权拱手相让，东亚视角如果排除这两个国家不过是纸上谈兵。如前所述，就算是为了抵制其他国家随时有可能抬头的新霸权主义，我们也有必要积极活用美国和俄罗斯。但是当今曾是资本主义对手的现存社会主义，已经在对现代性的安逸反思中迎来了挫折，而市场则扩大为全球规模，如果我们再不追求一国社会主义为基础的自力更生路线的话，作为不可推卸的核心课题之一，对资本逻辑的科学检验更需要抓紧探索一套超克近代的方案，从这一点上来讲，美国和俄罗斯仍然不得不说是我们切实的话头。

东亚视角不仅包括对于亚洲其他地区的省察，而且也不能忽视对非洲、拉丁美洲等第三世界地区的省察。当然，由于东欧的变革，第二世界已经被统合到资本主义市场中，第三世界社会主义倾向的国家大部分在放弃变革手段的现实中，第三世界论的立足之地被严重侵蚀。但70年代末我们曾经提出的"第三世界论"的要害为："与其将世界分为三块，不如捆为一体时才具备真正的意义，尽管是一体，但不是从第一世界或者第二世界的富人立场上看的，而是从民众的立场上来看的世界整体。"（白乐晴：《第三世界和民众文学》,《创作与批评》, 1979 年秋季刊）很明显，我们的第三世界论并非指第三世界国家团结起来，一起高呼克服第一世界和第二世界的那种狭隘的地域主义。作为被压迫民族的解放运动而抬头的第三世界尽管将"非同盟"作为口号，但由于这一地区的国家也存在于冷战时代的具体关系中，实际上还是不同程度地站在了亲苏和亲美的阵营中，所以是很难实现真正统一的。从这一点上来看，冷战体制崩溃的今天，第三世界民众的视角尤为重要。对东亚视角的探索如果不想作为一种非社会主义圈反周边的发展模式，去补充完善资本主义世界经济凝聚力的话，尽管社会主义曾经在 1917 年抵制了资本主义的世界统合，但从大局来看，苏东的解体现在只能作为历史性资本主义社会分工的一部分存在,而它才是一个更加接近真正第三世界论意义的基础,能够跨越民族和国家、打开世界性民众的世界。

那么我们为何要设定东亚这一媒介项呢? 坦率地讲,当我们高举东亚论这个旗子的时候的确有不小的危险负担,这是因为有可能火中取栗。其中日本已经成长为世界经济大国,它一方面兼顾着西欧市场,另一方面将目光转向亚洲谋划着在这里建立美日共同霸权。对共同霸权这个说法,有学者反对,说实际上是美国主导、日本听命的权力形态,但归根结底不管是共同霸权还是一又二分之一霸权,日本的统治阶层谋划的即使不是"二战"前那种露骨的帝国主义侵略,而是另外一种新式的地区霸权的话,也将对东亚造成极大的威胁。现在日本不敢轻举妄动,因为曾经在日本霸权主义下备受践踏的东亚各国对此不约而同地持反对立场。所以我们在这个节骨眼上面对这种纷繁复杂的局面提东亚论,岂不是正中日本下怀吗?

就像 19 世纪后期帝国主义加紧逼迫当时顽强抗拒加入世界市场经济体制的朝鲜的局面一样,最近资本对朝鲜这个最后市场的逼迫也日渐加剧。不管是靠武力还是靠资本,如果是单方的吸收统一政策都有可能将朝鲜半岛导向毁灭,这一点无论是考虑到统一后的越南和德国所面临的巨大混乱,还是考虑到当下韩国的实际情况都一目了然。在这一点上,东亚论最应该警戒的就是搅入"包围朝鲜"的反北同盟。

如果韩国通过北方外交包围朝鲜去谋划摧毁朝鲜政权甚至进行单方吸收统一,而朝鲜为了挣脱无时无刻不有的包围网而与南方外交针锋相对、摸索立足于民主基地论上的韩国革命的话,形势着实将陷入困境。南北双方应该放下口是心非的姿态——表面高呼和平统一，暗地里却在"两个朝鲜"政策下进行民族消磨战——应该深思何为真正的民族大团结原则。如果同意不实行"和平共处、一国两制"的话，应该以"南北双方体制的相对更新为前提"、比"韩国的资本主义和朝鲜的社会主义"更优越的"第三种进步社会体制"（高世贤：《统一运动论的几点争议》，《创作与批评》，1992年秋季刊）。

我们东亚论的核心问题意识之一恰恰和过去朝鲜半岛的统一运动有着紧密关系。此时中国和日本可能会质疑，这个东亚论是否是一种利用中国和日本的新的韩国民族主义啊？当然，统一运动是民族主义的一个典型表现。但是我们的统一运动冷静地认识到，正如屡屡提出的问题一般，靠狭义的民族主义在这个矛盾重重的朝鲜半岛，是无法实现进步的和平统一的，东亚论蕴含了超越民主主义的前景。

为何如此？伴随着冷战的瓦解，德国如神话般瞬间统一，而朝鲜半岛却依然没有摆脱交错复杂的状态，充分说明了这其中变数颇多，朝鲜半岛分断的重要决定因素是"美国视与苏联对决十分重要，但也视压制韩半岛内部正在进行的社会革命——为了守住自己霸权地位而防止朝鲜半岛作成为一个挑战性的第三世界十分重要"（白乐晴：《为了认识分断体制》，《创作与批评》，1992年冬季刊）。这一说法意味深长。但即使分断在美国的主导下决定，苏联也无法回避其责任。苏联的朝鲜政策和东欧的"占领共产主义"的确不尽相同，但总体来看它和斯大林的一国社会主义，即为了保卫苏维埃基地而进行广阔的亲苏外围建设并无差异。苏联也同样不希望解放后朝鲜半岛上成立一个自主统一的国家。

这一点上，有必要看一下反信托统治和赞信托统治[1]的两种意见。在韩国右翼策动反信托势力变成了要掌握霸权的反苏、反共运动，其策动理应受到批判。这是因为该势力号称发起第二独立运动激起了全国民的爱国热情，然而当其逐渐演变为反美军政运动时却溜之大吉了，其目的不言而喻。然而左翼也不无问题，他们最初陷入了右翼的舆论陷阱，刚开始主张反信托，后来又转为主张赞信托，犯下了致命的错误，可以说左翼并没有准确洞察出进驻这片土地的外势的本质。当然，赞信托的决定知道"朝鲜民族尽管勇往直前、拼死抗日，可是最终没能独立解放自身"，所以冷静认识到"解放朝鲜半岛的这种国际性在解决朝鲜民族的问题上受到各种国际制约"，尽管如此，结果赞成信托统治为"终究和帝国主义侵略政策委任统治或者已已条约不同"（李强国[音]:《民主主义朝鲜的建设》，朝鲜人民报社，1946年）的统治方式，没有从根本上摆脱对美国和苏联的幻想。反信托已然是无须多言，姑且按照赞信托的主张统一国论，那么解放后就能在朝鲜半岛上建立一个统一的国家吗？我表示怀疑。朝鲜半岛的分断在冷战之前就已经是定局，正是从这里开始开启的世界性冷战格局。

而且，在1949年中国革命成功前后，美国对日政策进行了大幅调整。之前美国曾选好的亚洲地主中国国民党政权崩溃，于

---

[1] 赞信托统治是指朝鲜半岛在"二战"结束后同意南半岛委托美军政统治的意见，反信托统治是指主张立即建立独立的民族政府的意见。其结果1945年8月15日美国军队进驻朝鲜半岛三八线以南，于9月8日开始对南半岛实行军政统治，直至1948年8月15日韩国独立政府成立，史称美军政时期。——译者注

是美国迅速物色了日本作为新的地主，以日本独占资本的复活作为目标。这种格局下，第二次世界大战之后在最弱小的环节朝鲜半岛爆发大规模的热战也就显得在所难免了。

"六二五战争"（朝鲜战争）将朝鲜半岛拦腰斩断，正式启动了世界性冷战体制，与这个条件相应地，韩国成立了反共独裁政权，朝鲜用和田春树教授的话来讲成为一个"游击队国家"。解放后，南方以反共为借口，曾经的亲日派们摇身一变成了亲美派，北方对此现实极其失望，所以集结起了国内外所有的革命势力，这些成为朝鲜巨大的财富。但是，有一位西方学者曾把朝鲜政权与朝鲜王国大院君[1]时期的政权相类比，曾引起不少学者的兴趣。总之这与抵制朝鲜社会正常发展的外压势力是紧密相关的。其外压势力不仅包括资本的包围，而且还包括苏联等国的强压，这些都是众所周知的事实。同时，韩国也同样身处于美日同盟的矛盾夹缝之中。所以十分反讽的是，南北政权表面上看完全对立，但实际上却是互相依存的。

朝鲜半岛在历史上就是东亚地区矛盾的一个重要的结节点。早年民世安在鸿先生于《新民族主义的科学性和统一独立之课题》（《新天地》1949 年 8 月号）高瞻远瞩地说过，朝鲜的独立自主如何在东亚的和平中发挥关键作用。根据他的观点，高句丽被唐所灭，但之后却引起了契丹、蒙古、女真族的兴起，最终不仅给

---

[1] 朝鲜王朝时期王没有子嗣继承王位的时候要从王室亲族中选定新王，新王的生父被称为大院君。而高宗时代其生父兴宣大院君（1820—1898）摄政时期较长，所以大院君通常就是指称兴宣大院君，本文中所说大院君时期亦指兴宣大院君执政时期。——译者注

朝鲜半岛造成了灾难，更严重的是给中国内部造成了连年征战的局面。这是一个饶有趣味的分析。众所周知，在蒙古和女真族的侵略下，中国元朝和清朝存在严酷的移民统治。因此他指出，唐灭高句丽成为瓦解东亚安定的一颗棋子，这是一个让中国长期陷入受北疆威胁的"万世之失策"。

而且，他还指出了半岛如何在日本和中国之间起到防堤作用，高句丽和百济灭亡之后罗唐联合，之后两者又反目成仇，而新罗联合高句丽、百济的流浪民打退了唐，从而阻止了唐东下征日的计划。唐当时是否有意扩大统治日本虽然无法判断，但如果"统一的新罗"无法成功阻止唐的东进，唐统治整个朝鲜半岛的话，这明显对日本是一个很大的威胁。他同时论证了高丽的抗蒙战争也救助了日本。日本一位实事求是的史学家旗田巍曾经针对挫蒙的主要力量论证过"亚洲各民族，特别是朝鲜人和中国人以及越南人的抵抗"救助了日本，同时纠正了台风救助了神国的"神风史观"的错误说法（《元寇》，中央公社论，1960 年）。他对民众力量的肯定的确让人震撼。正如我们的民族对中国的抵抗救助了日本一样，朝鲜对日本的抵抗同样也成了中国的堤坝。他主张，长达七年的壬辰倭乱最终也是朝鲜和明朝联手击退了日本的侵略，中国也从此免去了许多战事，所以我国的历史并非一国史，而是东亚国际史的一部分。这一视角十分先进。"一旦朝鲜半岛失去独立自主权的话，整个东亚的和平就会毁于一旦，"他的这一主张绝非虚言。

进入近代以后，东亚演变成了西欧资本主义角斗的最后战场。其中，朝鲜问题作为东亚矛盾的结节点同时又转变为世界帝国主义体制矛盾的结节点，远山茂树教授认为这一转变大约是在

1884 年完成的。伴随着法国占领越南事件（1884 年）和英国的缅甸合并事件（1885 年），帝国主义列强已经终结了对东亚以外地区的分割（《东亚历史上的省察》，《重构历史的课题》，御茶的水书房，1966 年）。帝国主义对朝鲜半岛的集中压迫给朝鲜的自主现代化带来了重大难关，同时帝国主义使日本放弃东亚联合论、选择脱亚论，也就是说以牺牲朝鲜和中国为前提，迫使日本听命于西欧帝国主义、加入帝国主义阵营，因此甲午战争、俄日战争、日本侵华战争、太平洋战争这一系列的里程是早就计划好的。日本的这种选择不仅成为朝中人民的灾难，而且给日本民众也带了巨大灾难，这里就无须赘述了。勉庵崔益铉 1876 年在"斥和上疏"中已经认识到这一问题了。他说，面对西欧列强的侵略，"东亚三国即使三足鼎立、尽其所能来抵抗也恐怕难支撑下去"，日本如果侵略朝鲜的话，不但代表日本将亡，而且将为东洋并亡之祸（姜载言 [音]，《朝鲜近代史研究》，日本评论社，1970 年）。日本所做的这个最差的选择导致了"二战"之后美国对东亚统治权的直接强化，东亚的特殊性和美苏对立相结合最终引发了朝鲜战争，之后东亚内部越来越棘手，这里就不再重提了。

我们如今站在后冷战时代的入口上，但东亚仍然存在多个社会主义国家，冷战体制并没有完全解体。资本正在集中对社会主义国家发起攻势。如果和 19 世纪有什么不同的话，那就是不仅日本加盟，韩国也加盟发起攻势，而有趣的是，韩国和日本同时又受到西欧的牵制。当今的东亚正在迎接仅次于第二次"西欧冲击"的局面，而同时接受能否向后冷战时代和平滑行的考验。东亚并不是特殊的地域史，而是一个能够在世界史的方向上起到关键作用的区域。而中日美俄交错的朝鲜半岛恰恰是这个关键的中心。所以，解开朝鲜半岛的分断体制这个课题尽管是共享丰富的文明的过程，但也成为一个重新振兴联合分道扬镳的东亚各国的契机，它将为开启美苏冷战体制之后的新时代而提供重要线索。而且，同时它与探索超克西欧近代真正对策的课题紧密相关。

四、东亚视角的探索

东亚自从经历了西欧的近代和最初的破裂性冲突之后，就连日本这个几乎非西欧地区唯一成功实现西欧近代化的地方，其明治维新以来的历史也被认为"是继续追求维新过程中没有完成的民族独立的续篇"（蜡山芳郎：《殖民地独立的时代和日本》，《重构历史的课题》）。可见，民族独立是这一地区共同的课题。这其中，韩中日三国分别提出东亚连带论是理所应当的。但日本用孙文的话来讲追求的不是"东洋王道的堡垒"，而是"西洋霸道的走狗"，也就是说日本背天而行的脱亚入欧论、侵略中朝，最终破坏了东亚的连带。

因此，俄国十月革命后马克思主义成为克服西欧近代的一个对策，很快就被东亚民众接受，"二战"后还在越南、中国、朝鲜建立起了社会主义政权。胡志明曾经说过："最初将我指引到列宁和第三国际共产主义的并非共产主义而是爱国主义。"从这里不难看出，东亚对马克思主义的接受实际上是在保卫民族这个"受西方冲击"后的大框架内形成的。从这一点上不难理解，中苏后来产生分歧之后两国分道扬镳，而朝鲜也和苏中产生矛盾开辟了主体思想的蹊径，似乎都是情理之中的。

中国革命家们即便是彻底反封建，但对传统思想也都是烂熟于心的。为了使落后的中国跻身现代世界而一生奋斗的孙文，虽然最终也没有屈服于传统，但他提出了与西方帝国主义霸权相对的王道恢复理念。即便可以视其为一种修辞性的表达，但从中足以看出孙文的儒教修养之深。春秋战国时期，孔子反对霸道从而提出恢复王道，王道是以周朝初期严整的封建制度为模范、以人善论为基础的理念，而孙文结合时代背景恰如其分地运用了孔子的"尊王贱霸"思想。

毛泽东的情况也不例外，1935年遵义会议上挫败苏联留学派而掌握了党的权力，树立了中国革命特有的路线。他在一个回复编辑部邀诗稿的信中曾经说道（1957年）：

这些东西，我历来不愿意正式发表，因为是旧体，怕谬种流传，贻误青年。（……）诗当然应以新诗为主体，旧诗可以写一些，但是不宜在青年中提倡，因为这种题材束缚思想，又不易学。这些话仅供你们参考。

毛泽东也是一位出色的诗人，但是他的诗歌采取的是古诗的形式，革命家毛泽东就像他本人明确所说的一样，是旧诗派，他很有可能比孙文还要传统。在他的思想深处，传统思维丰富而深刻，他彻底反儒家却高崇法家。他为什么要崇尚支撑秦国酷政专制的法家呢？那是因为法家通过依法治国制造了强权中央集权国家，终结了春秋战国时代以下犯上的天下大乱的局面，乱世时法家比起呼吁统治者善政的儒家，更具有一定的进步性。

此外，受道家影响的法家与儒家有着诸多不同。道家也同儒家一样反对霸道，但它更进一步连儒家主张的王道也反对。道家以村落自治社会为模型，以"小国寡民"为理想，可以称为无政府主义的萌芽，这种思想实际上深刻检讨了古代中央集权制度。但同时我们也应该注意到，这种道家的泛权威主义进步性很大程度上转换成一种新的权威。

这种分析可能也适用于朝鲜中央和朝鲜人民之间的关系，但是，我想明确的一点是，尽管我反对复兴儒学，但是在探索东亚视角的过程中，有必要把儒学作为一个严密的认知对象去对待。固然，儒学在近代之前也曾作为专制王朝的意识形态而发挥作用，但在这个框架之中，儒学仍然保持了其丰富多元的思想财富，形成了东亚人政治无意识的思想根基。因此，只有当我们把沉积在无意识的根基中的儒学重新客观呈现在意识的领域中的时候，我们才真正从儒学复兴论中解放出来、把儒学看成一种探索新思想的财产。

众所周知，朝鲜社会主义已经成为东亚社会主义独特的范例。其思想中的观念论就毋庸置疑了，尤其是其中超越唯物论、将人作为物质和意识的统一体置于哲学中心的主体思想，其问题意识实际上超越了中国。之前往往把传统思想翻译成西欧哲学的语言视为成果，实际上是对西欧普遍主义的一种特殊补充，而朝鲜的这一思想则挑战了这种习惯，值得令人刮目相看。但据我猜测，主体思想和人乃天的东学有一定的关联。这个问题今后会论及，真正的难关正如前面论述的一样，朝鲜将重视人的自主性的主体思想归结为把自主性给首领，然后由首领集团性地反馈给民众的形态，而且最近朝鲜大力强调通俗儒教所理解的忠孝思想，这一切使我们倍感惶恐。这其中除了儒教的痕迹之外，也不乏基督教的气息。

总之，苏联的解体充分证明了苏维埃式社会主义不能成为一种对抗西欧现代的对策。同时我们不得不承认与苏联不同追求独特性的东亚民族解放型社会主义不仅不能成为跨越美国与苏联的对策之对策，而且作为任何一方的对策都不足挂齿。

　　正如东亚社会主义走出了一条与苏联不同的道路一样，东亚资本主义也走出了一条与西欧不同的儒教资本主义道路。以日本为代表的儒教资本主义把男性统治者的宗教儒教扩大为"由'士'到'民'"，并对国民进行逻辑性渗透。这样在促进"儒教的日本日常化"的同时，"靠天皇＝天子的同一化伎俩制造了天皇制国家的绝对性"（藤田省三：《天皇制国家的统治原理》，未来社，1990年），其结果在掩盖国内阶级矛盾的同时日本军国主义也早熟了起来。与此相应地，各种亚洲主义应运而生。但无论是樽井藤吉为对抗西欧提出的亚洲国家联邦形式的大东合邦论，还是冈仓天心为超越欧洲文明而提出的说教亚洲文明精神价值的亚洲文明优越论，日本所有这些亚洲主义最后无非都是"大东亚共荣圈"论的一个化身而已。

　　但是我们有必要留意一下在1941年前后，即日本侵华战争刚扩大为太平洋战争后，以京都学派为中心提出的"近代超克"论。该理论以"太平洋战争的双重特征"为基础，即认为该战争既是帝国主义对亚洲的侵略战争，也是反抗英美反帝国主义的战争。该理论从反省日本民族主义脱离亚洲、日本知识分子脱离民众这一日本的特殊性开始，宣言要超克已经日暮途穷的西欧、超克追踪其后的日本近代，并探索一种以新的思想原理为基础的东亚协同体或者世界新秩序。这个理论貌似承认大东亚共荣圈，实际上是批判天皇制法西斯的，它与当时海军一部分势力想遏制陆军的横行这一历史背景有着密切关系。1942年后半年开始伴随日本太平洋战争中的败退局面，这一思想背上了反国家的国贼哲学，而最终销声匿迹了。固然，"近代的超克"论尽管初衷良好，结果却堕落为用来美化日本帝国主义统治亚洲的"圣战"意识形态，对于这一点严格来讲应该进行批判，但它作为一种探索跨越西欧近代、形成新世界原理的问题意识，还是应该给予肯定评价的。

这个集团的实际领导西田几多郎（1870—1945）的思想历程尤为值得关注。西田哲学以探索日本近代个人的精神支柱发端，提出了基于人的自觉性的内在个体原理，而这个视角恰恰是以文明开化和富国强兵为象征的明治启蒙思想所缺乏的。西田哲学终结了明治哲学，开辟了大正民主主义的哲学之路。西田哲学挑战了包括马克思主义在内的西方近代哲学，一直以来试图跨越西方精神与物质、主观与客观、个人与社会等二元对立分法。尽管西田的摸索出于反法西斯的意图，但最终为天皇制国家提供了一个理念性辩证法，而以失败告终（古田光：《西田几多郎》，《近代社会思想史论》，青木书店，1959年）。尽管如此，他的思想既非对西欧的模仿，也非对传统的回归，是基于传统思想创造的与西方对峙的现代哲学，其探索给东亚视角启迪颇多。

如上所述，即使日本有过标新立异的思想探索，在"二战"失败后伴随着新机会的到来，再加上其内外条件的束缚，究竟是如何发展及销匿的这里就无须赘述了。因为尽管日本取得了腾飞发展，可是日本式的资本主义模式无法成为新世界的形成原理。

韩国的民族主义运动在分断体制这一严酷的条件下也不断探索着一条对策之对策，这一对策既不同于东亚式的社会主义，也不同于东亚式的资本主义。这一探索的过程也包含了一种战术的侧面。但是，如今已经到了将对策式的韩国运动进一步升华为战略性运动的阶段了。再次，有必要重新定位分断体制形成过程中销声匿迹的运动的传统，即东学运动。当然我并非主张东学复兴论，可我们有必要看一下李敦化的《人乃天要义》（开辟社，1924 年），他追求同时克服观念论和唯物论，在此基础之上主张同时脱离亲美反苏论和亲苏反美论，提出"民族解放和阶级解放不分先后，应该追求同时达成这两个目的的民主主义"（《天道教政治理念》，宝成社，1947 年）等说法，尽管今天看来该说法似乎略显草率，可它足以提供一种探索新视角的基石。我们的民族民主运动的革新首当其冲的就是应该认识到，解除分断体制是一个超越民族独立的课题，它将在开拓新的民众思想的里程碑上成为浓墨重彩的一笔，将会成为一个形成新世界秩序的原理，为满目疮痍的东亚带来真正的和平。并且，我要再次明确，在这个创造性的课题中，我们文学人有着不可推卸的责任，在史无前例可鉴的情况下与风云变幻的现实交锋，以身体力行来证实新时代的预感，最终搏出一条血路。

（《创作与批评》，1993 年春季刊）

白乐晴

朝鲜半岛式的统一过程与市民社会的作用
——从"5月光州"到市民参与型的统一

一、"5月光州"的全国化

在纪念"518"光州民众抗争[1]二十六周年之际，能够有机会在"518"研究所主办的国际学术大会上发言，对此我深感荣幸。此外，适逢"615"宣言[2]六周年之际，南、北、海外共同举办的民族统一庆典也恰逢在光州召开。对于担任"615"共同宣言实践南部委员会代表的我来说，这一机会弥足珍贵。

南北的共同活动如今才在光州得以展开，确实让人有一种姗

---

[1] 从1980年5月18日到27日全罗南道及光州市民反对全斗焕军政的军事独裁统治发生的民主化运动。这次运动由市民示威开始逐渐演变成市民与戒严军队的武力对抗。最终于5月27日军政统治者动用坦克及大规模镇压部队结束了此次运动。据1988年上任的第六共和国政府公开发表数据显示，"518运动"中死亡市民及学生一百九十一名，负伤八百五十二名，这是继朝鲜战争之后最大规模的一次伤亡事件。——译者注

[2] 2000年6月14日韩国总统金大中和朝鲜国防委员会委员长金正日达成协议，于6月15日发表了五项协议：第一，自主解决半岛统一问题；第二，达成一国两制协议；第三，早日解决南北离散家属协议；第四，经济合作等南北交流的活跃化协议；第五，为早日解决以上问题召开实务会谈以及金正日委员长的访韩协商。——译者注

姗来迟的感觉。不管是从韩国民主化过程中"518"所占据的位置来看,还是从80年代末期出现的"从5月到统一"的口号来说,都是如此。总之,尽管共同举办的光州活动姗姗来迟,但我本人仍然觉得感慨万分,这是因为我从参与70年代末期的"教育指标事件"开始,就与光州和全南大学结下了特殊因缘,而且在民主化运动中我一直担负着一定的任务。

坦率地讲,我同时也感到十分紧张。因为要将民族大事办得无愧于"518"的光州,并让争取民主化的整个韩国社会感到自豪,并非一件易事。在此,我并不是作为南部的代表来讨论各种与活动准备相关问题的。作为一个知识分子,谨就我个人的观点进行发言的话,尽管"5月光州"已经成为东亚甚至世界的财产,但依旧很难说在韩国内部已经实现了全国化普及。韩国社会的痼疾——地域主义是阻碍其实现全国化的主要原因,国民们仍旧抱有一种固定观念:5月是特定地区内的事情,而且仅限于一部分运动势力。

因此,今年的"615"活动能够在全国国民的共鸣之下得以举行,这不仅仅是一次民族共同活动成功举办的问题,而且也是将"518"真正地全国化、助朝鲜半岛统一事业一臂之力、提高韩国民主主义世界发言权的重要问题。为此,首当其冲的问题便是究明这些年来没能实现光州运动全国化的原因。一味地埋怨地域感情或是谴责部分活动家们的变质,不过是浮泛的对应之策。虽说地域主义是阻碍全国化实现的主因,但实际上地域主义也是服务于朝鲜半岛分断体制自我再生产的一种意识形态,我们应该认识到分断体制不仅仅是一种极右反共主义,而且是一个懂得吸收包括地域主义在内的各种理念的杂食性怪物。

与这一怪物搏斗的我们也必须像它一样坚韧不拔、老练娴熟。特别是在分断体制终于开始进入解体时期的当前，更需要在对即将来临的朝鲜半岛式的统一达成共识的情况下，有更多的人们通过多种形式参加到其中。这是因为除去少数杰出的圣贤与僧侣之外，如果不能在不知不觉中行动起来与大多数同时代的人们一起追求有意义的历史目标的话，不管是在光州还是在何处，都难以坚持最初的想法来开展长期的活动。

二、朝鲜半岛式的统一和"615"共同宣言

在"朝鲜半岛式的统一"这句话中，包含着比"朝鲜半岛的统一是从朝鲜半岛的实际出发、按照其特有的方式来实现"这一常识更为丰富的内容。也就是说，其中包含着这样一种积极的意思：与按照常规所能想出的几种先例截然不同的新的统一方式。

首先，武力统一在朝鲜半岛是不可行的，这一点从很久以前就毫无异议了。1953 年休战时，不，严格来讲，1951 年夏天之后，战线已经在类似三八线的地区内交错形成，可以说这一点在那时就已经成为既定事实。当然，南北双方在这一点上最终达成共识历时不短，而且在其成为常识后，作为分断体制既得势力的意识形态攻势——"南侵威胁"论还曾不断地老调重弹。但是正如"615"宣言开篇所说，"按照祈盼祖国和平统一的全民族的崇高理想"，排除武力统一是朝鲜半岛式统一的首要原则。这已经为双方首脑所确定。

和平统一的情况，也有像西德和平统一东德的先例。实际上，德国在 1990 年统一之后，有许多人希望相同的一幕也能在朝鲜

半岛得到重演。于 1991 年 12 月签名并于次年生效的《南北基本合议书》第一条规定"南北双方互相认同并尊重对方的体制"，但尽管如此，我认为南部的主流势力对未来另有谋算。

但苏联与东欧解体之后，朝鲜的体制并未崩溃。而且，随着岁月的流逝，万一这一事态发生的话，韩国对此将难以承受的现实感也日益增大，尤其是经历 IMF 经济危机的同时，在国民间形成了一种共感的平台。当然，仍然有许多人寄希望于经过充分准备后，再实现德国式的统一，这是因为对朝鲜半岛式的解决方式仍然没有一个明确概念的缘故。即使在对最终的"德国式"统一充满茫然期待的一刻，现实却仍然朝着朝鲜半岛式的方向发展，这也正是我要指出的问题所在。

虽然与越南和德国相比，也门的统一并不为大家所熟识，但其作为先例也值得一提。先于德国，早在 1990 年 5 月资本主义北也门与社会主义南也门就宣布了统一。这是在两国政府的协商下和平而自愿的统一，统合政府的要职官员比较均衡——北方出总统，南方出副总统，总理是南方的，但阁僚以二十对十九的比例使北方占据更多席位等方式来分配的一种"对等统一"。但因为没有一种调解实际上不平等势力间摩擦的联合制或联邦制制度，最终合议决裂，并于 1994 年经过七十多天的内战后，最终以北也门的胜利实现了完全统一。

但这个先例分明也非朝鲜半岛所能借鉴的。且不说依靠南北当局者的合议来实现朝鲜半岛统一这一方案根本就不可行，万一这种合议达成后在履行过程中发生问题，出现武力冲突的话，将会出现一场也门不能与之相比的巨大灾难。

当我们确定越南式、德国式、也门式都不适合朝鲜半岛的时候，又可以做出一种维持分断体制的选择。朴正熙的选择恰恰属于这一情况，他把1972年的"74南北共同声明"视为维新体制的铺路石。当今政府也是如此，守旧势力中不追求朝鲜瓦解的一部分人，以及进步阵营中梦想无统一的和平改革主张者都属于这种情况。从美国的立场来看也是如此，尽管朝鲜体制的颠覆很可能是布什总统所乐见的，但适当地维持一种分断的紧张状态要远比费力的瓦解工作更为安全，而且现实的利益也颇为不菲。

但实际上，认为坚持分断结构韩国自己就会实现"先进化"的想法纯属天方夜谭。分断体制伴随着以1987年的6月抗争为标志的韩国社会民主化的开始，以及1989年至1990年东西阵营对立的终结，早已丧失了其基点。1987年以来韩国的民主化过程持续发展，在收拾90年代末期经济危机残局的过程中，经济得以重振，因此，很容易就产生了一种"没有统一，韩国怎么就过不上好日子呢？"的想法。但如果没有卢泰愚政权当时已经开始实施的改善南北关系以及缓和分断结构的措施的话，韩国社会是根本不可能取得这一成就的。特别是2000年的"615"共同宣言，不仅确认了分断体制的动摇、启动了解冰工作，而且确保了在日益激化的新自由主义竞争旋涡中韩国经济具备竞争能力所必需的朝鲜半岛的军事安全以及韩国国民的安定心理，并由此确保了韩国经济在世界市场上的信誉。另外，韩国企业的价值在国际上的评价仍旧很低，即所谓的"Korean discount"（"韩国折扣"）现象，或者对韩国社会民主改革及新的发展范例的探索动辄就会受困于理念攻势，这些情况与分断结构有着直接关系，这些都是只有通过朝鲜半岛式的统一方能解决的问题。

可以说朝鲜半岛式统一的内容在分析朝鲜半岛式以外的统一

先例的过程中逐渐呈现出来。下面主要以相当于朝鲜半岛式统一章程的"615"南北共同宣言为中心，对其独特内容进行简单分析。

如果说和平统一是共同宣言全文申明的最大原则，第一项中首先阐明了"国家统一的问题由作为主人的我们民族携手共进、自主解决"的自主统一原则。这对于在外来势力作用下造成的分断以及现下受外来势力干涉严重的朝鲜半岛来说，是一个十分重要的原则。但自主这一特性本身在其他国家的先例中也曾存在，所以谈不上是朝鲜半岛式所独有的。

因此，第二项才是"615宣言"所特有的条款。"承认以实现国家统一为目的的南部的联合制提案与北部的初级联邦制提案间存在着共性，并决定沿这一方向促进统一，"我曾经在别的文章中强调过这一笼统的表达是多么巧妙和富有划时代性（例如：《"615"时代的朝鲜半岛和东北亚和平》，拙著《朝鲜半岛式统一，现在进行时》，创批出版社，2006，18—19页）。原本在南部的联合制与北部的联邦制之间，存在着在统一之前，首先南部的"机能主义"立场和北部的立场存在分歧，南部主张从可能和必要的交流与统合课题着手，而北部主张一举解决根本性政治问题。这虽然是双方对统一构想的差异，但我认为这一条款的提出也同时具有通过提出对方难以接受的主张来延迟统一的功效。

能一举消除多年分歧的便是第二项条款。北部方面通过南北间对第一次统一方案的合议来满足对一举解决"根本问题"的愿望。尽管北部这一要求最初是因为对非联邦的联合不能完全消除固守分断的危险性存在着很强的顾虑，但90年代以后如果没有对非吸收统一的其他方式的合议或者保障的话，在允许机能主义性的相互接近后最终会被吸收掉的北部的危机意识实则更为强烈。虽然南北基本合议书第三章的"南北交流·协力"条项比"615"宣言要更为具体、详细，但却没有付诸实践，与此有着紧密联系。

可以说，"615"宣言在满足北部要求的同时，又通过排除非现实性的统一政府形态或者急速的日程，取得了使北部适当地接受南部一直以来所主张接近机能主义性的成果。这一点只要比较第四项协议中"南与北通过经济协力均衡发展民族经济，活跃社会、文化、体育、保健、环境等部门的合作与交流巩固双方的信赖"的内容和"615"之前相比是多么切实地被实行，一目了然。固然，这一实践还应该变得更加丰富，第三项所规定的人道问题的解决或第五项的南北当局者间的各种会谈也应该得到进一步推进。

第二项合议堪称协商技术的绝妙产物，这一点是为人们所认可的。但也有一部分人认为这不过只是协商技术层面上的成果，只不过是暂时缓和了联合制与联邦制等根本性对立而出现的结果。当然，我们无从弄清当事者们内心的想法。但从在宣言过程中发挥了主要作用的金大中前总统和与文案折中过程密切相关的林东源前长官的证言来看，在协商过程中合议的表述要远比其实际内容更值得关注。

但更重要的是我们一般市民们如何去接受并实施这些条项。

如果全权托付给当局者们的话，那么不论南北双方的根本性分歧对立是否蕴含于第二项之中，随时都有可能被激活。从南北民众的立场上来看，联合制或者初级阶段的联邦制并不重要，反正越南式、德国式、也门式的统一都不可行，与其在争论这些问题的过程中助长了分断既得势力的气焰，不如早日解决人道性的问题，扩大经济合作、加强社会文化交流、促进相互信任，朝着"认同南北间存在着共性"的方向发展。在这样的摸索实验中实现统一的过程，才是朝鲜半岛式统一的特性及其积极内容所在。

三、通向市民参与型统一之路

换言之，朝鲜半岛式的统一正是市民参与型的统一。因为它是一个渐进性的过程，所以一般市民参与的可能性也相应地得到提高，不仅如此，在"过程"与"终结点"难以区分的模糊状态下，根据过程的实际情况，即：根据人们参与的程度以及如何参与，统一这一目标的具体内容也会随之发生变化，这是一个开放性的统一过程。

将市民参与型统一的概念与前面的统一事例相比会更加一目了然。例如，这种情况下的市民参与和越南式的为民族解放战争而进行的全民总动员的性质不同。越南的统一过程中从南到北动员了相当大的民众力量。但在为战争与武装斗争而进行的全民动员体制下，普通市民们在努力过好日常生活并完成自身的工作的同时，想要推翻分断体制的每个角落来创造新的统合社会必然会受到很大的制约。这正是所谓的战时体制。

对于朝鲜半岛不能采取武力统一这一点已经形成了广泛意义上的合议，但将统一过程的民众参与误解为大规模的民众动员乃至民众崛起的倾向仍然存在。在由于美国的压迫政策与经济上的困窘等多方面原因和南部情况不同的北部，强调动员体制似乎需要另当别论。在韩国社会认为依靠团结在自主和平统一目标下的大众的崛起就能结束分断，这不过是一种惰性的思考而已。

德国式的统一也并非没有民众动员与市民的参与。众所周知，东西德的统一过程始于东德市民们的反抗。市民们的反抗在东德内部既以知识分子及宗教人士为中心进行的积极形态存在，又以东德居民们的大规模远走海外的消极形态存在。在 1990 年实际统一过程中，在东德的选举中得胜的势力接受了西德的宪法，做出了编为德国联邦共和国（西德）的一部分州的选择。只不过整个过程中，因为西德政府积极采取了货币统合等促进统一快速实现的措施，才使得东德民众的参与意义有所逊色。此外，可以说以模范的战后民主主义为荣的西德市民们除了在选举时参与投票之外，几乎没有别的参与行为。

但即使在这一点上，德国的先例也不知不觉地发挥了作用，为促进市民参与的统一加快了步伐。人们常常提到，德国的统一除了当局者以外，民间进行的长期接触与交流也起到了决定性作用，并慨叹朝鲜半岛还远远落后于此。尽管话是这么说，但真正要加强交流、协力的时候有人便高声疾呼"白送给"，"被牵着鼻子走"等。此时，不知不觉中支配我们想法（两种情况各自按照不同的方式）的便是德国式的模型，而这也是对我们自己的统一认识的不足。

虽然没有必要在这里进行长篇赘述，战败国德国的分断尽管是外国势力强迫的结果，但并不像朝鲜半岛分断一样是没有名分的，因此也就没有骨肉相残的战争。所以，通过 1972 年的基本条约达成了不统一、和平共存的合议，从而扩大了交流的幅度。这与在半岛的中腰依靠围铁丝网、铺地雷才能维持分断的这片土地上所进行的交流有着本质的区别。单纯地从量上比较两者是毫无意义的。

东西德之间的交流是在最初决定不统一，后来再在推进的过程中实现了单方面地吸收的统一的。从这一点看，也与朝鲜半岛存在着本质差异。朝鲜半岛在是合议好不容许这种方式的统一后，才准备交流的。"挖给"的说法也正是源于此。如果南北间的民间交流与对北经济支援是吸收统一的战略之一的话，守旧势力将会比任何人更为积极地予以推进。但正因为这不是战略，所以一提到帮助北部的时候在他们眼中自然就是"挖给"了。

但从期盼更多人能够过上幸福和平生活的朝鲜半岛市民们并非现有的少数既得势力的立场来看，促进经济合作与社会文化交流才是我们自己的事情，这是与德国式不同的朝鲜半岛式统一过程的组成部分。尽管大的政治决定需要由政府来做，大规模的投资需要靠政府以及大企业来完成，但每个人尽其所能地发挥最大的诚意与创意投身到这一事业中才是实现朝鲜半岛式统一、提高各自生活质量的途径。

这一点也正是跟前面所说的另一个先例——也门式的统一间存在的本质差异。南北也门合议最终的破裂，虽然其主要原因在于缺少了"联合制乃至初级阶段的联邦制"这一安全装置，但根本原因在于这是排除了市民们参与的权力者们之间的"瓜分"式的合议。当然，也门有也门自己的统一方式，我们并不是要否定其统一本身。只不过，这是在朝鲜半岛绝对行不通的一种方式，即使实现了统一，也不能与朝鲜半岛式的统一在世界史上的意义相提并论。

总之，朝鲜半岛式的统一是要在市民最大限度的参与下实现的，按其字面来说即民官合作的过程。虽然还很难说市民参与已经活跃起来，但去年的"615"平壤庆典以及"815"^[1]首尔庆典都向人们提供了民官合作的典范。活动本身在民间主导当局者参观的过程中，还促成了北部最高领导与南部特使的单独会见、北部代表团参拜南部的显忠院等重大的事件。虽然民间会有无数其他形态，但还是希望今年的"615"光州庆典能够继去年的典范创造出更为丰硕的成果。

当局者之间戏剧性的行动之所以重要也是因为，朝鲜半岛式的统一中最为重要的是争取民心及获得市民们的支持，并促使他们能够自觉积极地参与其中。正如开头所提到的，在这一关键时刻光州活动既是一个好机会也是一次挑战。对此再稍微做一下解释后，将结束我的发言。

前面我也提到，与朝鲜半岛式的统一所要求的市民参与不同的另外的民众动员先例使得一部分活动家产生了惰性的思维方式。实际上，在此对"518光州"的记忆——没有直接参加过"518"的活动家们反而更加明显——发挥了一定的作用。像1980年5月光州市民们崛起并开创出了一片解放与和平的空间一样，如果韩国民众众志成城，一致要求自主与统一的话，我相信一定会梦想成真。

但那个空间却是用怎样的鲜血才换来的呢？光州市民们蜂起不是军部势力在5月18日残忍镇压和平示威并殃及无辜市民所造成的结果吗？而与市民一起确保的和平相生的那一空间，即使在抗争镇压之后在历史上留下了永远难以忘怀的光辉足迹，但这

---

[1] 1945年8月15日伴随"二战"的胜利，日本从朝鲜半岛上撤退，为纪念这
    一天，韩国指定8月15日为光复节。——译者注

却是以流血事态告终的。

没有能跟"518光州"相匹敌的不幸，而想促成跟"518"同样水平的民众动员是不现实的。我们真正能够报答"5月光州"牺牲的方法就是，借5月的光在与当时不同的情况下以不同于当时的方法来实现光州市民们所追求的民主主义、和平以及统一的目标。实际上，这一道路是经过1987年的6月抗争才开拓出的，也是在之后才正式开始恢复光州市民的名誉。

与此同时，失去军部独裁基础、遭遇弱化极右反共理念的分断体制通过强化地域主义的方式，在持续"5月光州"的地域化、孤立化方面取得了一定成果。但地域主义正在日益丧失其威力这也是一个不言的事实。1996年是"518"的第二十六周年，希望借在光州举行"615"民族共同活动这一机会，通过进一步推动朝鲜半岛特有的市民参与型统一的跨时代发展，实现"从5月到统一"这一口号的真谛。

（本文首发于《创作与批评》1996年夏季刊）

全炯俊

相同的与互异的：作为方法的东亚

一、何为问题

近年来，韩国国内知识界的东亚话语越来越热。这和苏东社会主义阵营在政治、经济上的没落和东亚地区的崛起，以及后结构主义思潮之后思想文化上对现代理性日益明显的批判倾向等语境有着密切关联。

首先，从第一个语境来看，苏东阵营的瓦解使得从社会主义中探索克服资本主义展望的理论、实践运动走入绝路，这成为问题的根源。一方面，有人将其解释为资本主义的彻底胜利。在当今冷战体制解体、世界资本主义日趋贯彻全球的大趋势下，这些论者重点关注包括韩国在内的东亚取得的经济成就。这种新局面的东亚有着巨大的资本主义可能性，而事实上也已经在很大程度上正实现着这种可能性。从杜维明、金耀基的儒教资本主义论 [1]

---

[1] 美国哈佛大学教授杜维明的《儒家哲学和现代化》和香港中文大学教授金耀基的《儒家伦理和经济发展》已经译成韩文（《现代中国的摸索》，东边出版社，1992年；郑文吉、崔元植、白永瑞、全炯俊共编：《东亚，问题与视角》，文学与知性社，1995年；以上两书均有收录）。这种儒教资本主义论的构思将"儒教的复活"和东亚社会成功构筑而成的"管理者资本主义（managerical capitalism）"集合起来。

大受欢迎可以看出，他们强调东亚的特性，并且预计到这种特性可以确立一种 21 世纪世界资本主义内部的东亚霸权。他们的东亚话语的前提是，韩国对于日本基本上是同等竞争者，而对于中国来讲则相对先进，它和日本、中国共同形成了一种集团。借用德里克（Arif Dirlik）的话来讲，在从"欧美—太平洋圈"到"亚洲—太平洋圈"的变化 [1] 中，相信韩国担任了重要角色（或者说应该担任以及可以担任）。但是这里面却有一个致命陷阱。首先，过高评价了韩国在东亚地区的位置。这种东亚话语对美国的东亚霸权构成了挑战，从这一点上来讲值得肯定，但担当这个角色的国家应该是日本，也或许是中国，韩国要担此重任确令人质疑。无须赘述，韩国经济的成功事实上是多么脆弱，韩国的国际政治地位又是何许不稳定，世人皆知。这犹如蹒跚学步的婴儿不会走就学跑。在美国和日本、中国的东亚霸权斗争中，韩国反而更容易置身难境，所以冷静地认识现实，谋求解脱困境才是正道，绝对不能活在幻想中自欺欺人。更成问题的是，这种话语从根本上来讲——再次借用德里克的话说："与其说是质疑太平洋地区的资本

---

[1] 德里克提出"亚洲的、太平洋的内容——换言之住在那里的人——和主要欧美的创造成果地域构成体之间的矛盾"这个问题时，指出了通常使用的"亚洲太平洋圈"这一名称的虚构性。他认为，这个地域构成体应该被称为欧美太平洋圈。因为这个地域构成体将"欧美列强的全球化的理解关系"视为原理，是以欧美为中心的周边地区组成的（德里克：《亚洲太平洋圈这个概念》，《创作与批评》，1993 年春；郑文吉、崔元植、白永瑞、全炯俊共编：《东亚，问题与视角》，文学与知性社，1995 年，44—45 页，53 页）。如此说来名实相符的亚洲太平洋圈从"亚洲性的、太平洋性的内容"角度上克服其和欧美太平洋圈之间的矛盾时，是可以成立的。"从欧美太平洋圈到亚洲太平洋圈的转变"所包含的实际内容正是克服这个矛盾的过程。

主义结构，不如说在这个框架内不主张东亚性。"[1] 这其中，美国所制造的原先的资本主义结构总是主角，而东亚的则仅是配角而已。东亚性的特性只是附属于资本主义这个普遍性之上而已，它自身并不能成为主体。

与这种话语相对的论者们主张应该用东亚的特性超越资本主义。他们无法解释苏东社会主义阵营的瓦解和资本主义的全面胜利。他们在失去之前的进步话语处境下予以寻求新的进步话语，试图在东亚特性中寻找合适的契机。无疑，这种观点也受到了东亚经济腾飞的鼓舞，但是它没有将这种成功归结为资本主义的发展，而将其作为克服资本主义的一个契机的进步。因为事物的发展总是伴随着否定契机的发展。这种话语中，东亚性的东西从资本主义时代之前就已存在，而今天也依然可见。白乐晴称为"文明遗产"，崔元植称为"东亚性视角"，他们将其作为主体，提议创建一种超越资本主义的"对策文明"和"对策体制"。[2] 这种论点自然而然地和西欧的近代批判结合了起来。因为对于东亚来说，自身的资本主义时代是伴随着被迫编入西欧近代而始的。当然，批判、否定西欧近代，并不代表一定要复古到东亚传统当中去。例如，白乐晴提到"要想维持文明遗产和文化性的连续性，只有

---

[1] 德里克：《亚洲太平洋圈这个概念》，《创作与批评》，1993 年春；郑文吉、崔元植、白永瑞、全炯俊共编：《东亚，问题与视角》，文学与知性社，1995 年，44—45 页，65 页。
[2] 白乐晴：《向着新全球文明》，季刊《创作与批评》创刊三十周年纪念国际学术大会资料集《向新全球性文明：民众和民族、地区运动的作用》，创作与批评社，1996 年；崔元植：《后冷战时代和东亚视角的摸索》，《创作与批评》，1993 年春季刊。

通过创新性的活用才可实现”。[1]

东亚话语是后结构主义之后思想文化上日趋明显的近代理性批判语境下得到进一步活跃讨论的。这种反省并批判近代的西欧中心主义、理性中心主义的同时，摸索超脱或者跨越其的新范例所形成的近代批判性思想文化潮流，当今不拘大洋东西，已在全球性传播开来。这种潮流下，在东亚内部重新认识东亚这种思想的出现是极其自然的事情。这种语境下的东亚话语可以概括为以下内容：即东亚的近代思想和近代文化是在西欧中心主义、理性中心主义影响之中形成和展开的，而西欧中心主义和理性中心主义过分贬低了东亚性的东西并将其从反面着色宣传，这是一种意识形态。更成问题的是，一直以来我们陷入在这种意识形态之中，用西欧式的歪曲性视角来看待了我们自己。我们应该摆脱这种意识形态，东亚性的东西需要得到正当的复权。我们也可以看一下与此相关的两种文学论。郑在书指出“东亚文学中现代当然也包括古典对于发生、形式、美学问题的批评标准基本上是放在近代以后的西欧文学论上的”，并指出之所以如此是因为“西欧理性主义中对东方根深蒂固的文学偏见”所形成的“文学奖统治论”。[2] 根据他的观点来看，“东洋圈的学者们历来采取了顺应或者防御这种文学奖统治论的立场”。[3] 顺应自是明照不宣，防御实际上也无异于被其所控。所

---

[1] 白乐晴：《向着新全球文明》，11 页。
[2] 郑在书：《重新站立的东亚文学》，《东洋性东西的悲哀》，生活出版社，1996 年，第 44—45 页。
[3] 同上，第 45 页。

以他将小说视为问题（之所以说是小说，是因为"小说才是一个真正被认为和西欧文学的近代性最密切相关的体裁，它比任何一个领域中都要渗透着西欧对东洋文学的偏见"。[1]）他旨在从"中国文化的内在原理之中去自由思考中国小说的真正形成问题（之所以提到中国，是因为郑先生为中文学者，最了解的也是中国）"。[2] 另外，赵东一在批判欧洲中心主义的世界文学史叙述的同时，策划了一种"平等评价许多文明圈、许多民族的文学的第三世界的对策"。[3] 他所构思的作为第三世界对策的世界文学史的内容为"普遍性原理的认识和实现"。[4] 他认为欧洲中心主义式的世界文学史只不过歪曲损坏了世界文学史的真正普遍性。他所追求的是真正的世界性普遍。他为了达到普遍性，所采用的构图是从韩国文学开始向东亚文学，再从东亚文学到世界文学这样一个方向。即，"将以我们的文学为据得出的韩国文学史理论，扩张到东亚文学史，再把其成果适用于世界文学，寻找一个世界文学史叙述的新方向"[5]。按照这种思路，赵东一并没有停留于强调韩国小说的特性上，而是以其为据，予以阐明东亚小说的一般原理，更进一步摸索了阐明世界小说共同原理的理论。

大概东亚话语的政治、经济性语境和思想、文化性语境互相

---

[1]　郑在书：《重新站立的东亚文学》，《东洋性东西的悲哀》，生活出版社，1996年，第48—49页。

[2]　同上，第53页。

[3]　赵东一：《世界文学史的虚实》，知识产业社，第19页。

[4]　赵东一：《东亚文学史比较论》，首尔大学出版部，1993年，第3页。

[5]　赵东一：《世界文学史的虚实》，第18页。

之间存在着紧密关联。思想、文化性语境的一些话语是在资本主义的框架内，意图将其内容从西欧性的东西转变为亚洲性的东西。还有一些话语是意图在东亚性的东西中去寻找超克资本主义框架的展望。当然这些观察大体上是症候性解读的结论。因为这些话语大部分没有直接表现出对资本主义的态度，或是对这个问题表现得漠不关心。

现在正在继续探讨的东亚话语除了在对待资本主义的态度上有问题以外，还存在着许多其他问题。例如，到底东亚性的内容是什么？虽然这些话语的前提都是假设了东亚性的存在，但真正对东亚究竟为何（以及什么才算是）的研究不是还远远不够吗？如若真是如此，那只能说这些话语无外乎纸上谈兵。一方面，追求东亚性难道不会出现追求另一种中心主义——东亚中心主义的危险吗？或者说是否有一种东亚对于全球的霸权欲望隐含其中呢？如果是这样，我们只能说它无非是对既有的西欧中心主义的移植而已。并且，虽然一统而论称作东亚，它们在汉字文化圈、儒教文化圈（或者说儒、佛、道文化圈）等方面存在共性，但存在于其内部的国家民族的差异是不是并没有正面提出呢？如果是这样，东亚话语很容易堕落成国粹主义或者东亚内部的霸权主义。从另一个角度上来看，在后结构主义之后，最近西欧出现的东亚话语虽然都是在批判西欧中心主义，并企图超克之，但又是否可以按照其字面所述地全盘接受呢？又如何得知这些话语不是重新巧妙包装的另外一个西欧中心主义呢？如果是的话，不假思索地支持这些话语岂不是另一种对西欧的盲从吗？现下进行的东亚话语在这些疑问下存在着各种各样的问题。东亚话语为了具备生产性，应该具备解决这些疑问的答案。当然，这里仅靠我的一篇短文是难当此重任的。本文仅限于对东亚和东洋的用语问题、相同的与互异的问题、方法和理念性问题等进行一个初步的讨论。

二、东亚和东洋

有许多研究者往往将东洋和东亚这两个词混用。英语的 East 或者 Orient 所表示的东洋指的是什么呢？萨义德的《东洋主义》[1] 中的东洋（Orient）[2] 具体指代的是中东。虽然萨义德是阿拉伯出身，从古代开始基督教世界的欧洲就这么称呼伊斯兰世界的中东。而西方人主要称中国为东洋是后来的事情。虽然无法究清东洋这个汉字词是从何时开始使用的，但可以确定 18 世纪之前中国商人们曾称爪哇岛周边的海域为东洋、印度沿岸西海域为西洋。[3] 19 世纪开始东洋这个汉字词开始被广泛使用。这个东洋并不是一个地理概念，而是一个"地理性、文化性的领土权域概念"[4]，它被用于指代非西方的汉字文化圈的文化性价值。朝鲜的"东道西器"或者日本的"东洋之德，西洋之术"等用语便有这种意思。饶有趣味的是，在中国没有使用东洋的"东"，而是使用了中国的"中"，出现了"中体西用"的说法。这是一个东洋的中华秩

---

[1] 萨义德的《东方主义》一书在韩语里面被译成汉字词"东洋主义"。本文为准确传达论文用意，遂沿用韩国语汉字词的译法——东洋主义。——译者注

[2] 这里的"东洋主义"是一个否定性的概念。即指的是西方对东方具有的偏见体系。所以"萨义德的东洋主义"是一个错误的说法，应该说成是"对萨义德东洋主义的批判"。尽管众人皆知，但往往在使用过程中屡屡出错。

[3] 田中（Stefan Tanaka）：《近代日本和"东洋的创造成果"》，郑文吉、崔元植、白永瑞、全炯俊共编：《东亚，问题与视角》，第 174—175 页。

[4] 同上书，第 174 页。

序概念延伸出来的用语。这里隐含着一种想法：东洋的其他地区是中国的延伸（现在中国也沿用这种说法，即并非"东西"，而是"中西"）。相反，在日本通过使用"东洋"这一词汇企图摆脱中华秩序。称中国为"支那"，将其列为东洋国家之一而相对化对待。也就是说，田中（Stefan Tanaka）所说的"日本人通过这个包含'日本和东洋'的过去、赋予一种秩序的概念，创立了自身的近代性身份"，[1] 是十分贴切的。东洋这个词汇中包含着"中国的没落，具备各种技术性、文化性文物的西欧的到来，对人间事物的普遍性提出的新问题，文化性身份问题"[2] 等各个元素。而在中国，贬低地指称日本的时候使用"东洋"一词。商务印书馆出版的《现代汉语词典》中对"东洋"一词的解释为"指日本"。这种用法的前提为将中国放在中心地位，由此其西边是西洋，东边便是东洋。[3] 这样看来，东洋这个词根据用者和用法的不同，出现了显著的意思差异。从狭义的中国用法，即贬低日本时使用的东洋，到一般情况下汉字文化圈的人们指称自身的汉字文化圈的东洋，再到广义上总称从中东到南亚、东亚、东北亚一带的东洋等用法。最广义的是，这个词也用来指称非西洋的整个世界，根据笔者的感觉，这种用法确实十分牵强（将非洲和中南美称为东洋实为不妥）。

与之相反，这个东亚在我们的文脉中并非一个地带（area），

---

[1]　田中：《近代日本和"东洋的创造成果"》，郑文吉、崔元植、白永瑞、全炯俊共编：《东亚，问题与视角》，第 186 页。

[2]　同上书，第 187 页。

[3]　在中国我们所说的东洋、西洋被称为东方、西方。但是我们所说的东洋和汉语里面说的东方并不完全一致。因为东方是中国为中心的东方。

而是一个地域（region）。这个地域的构成体不仅具有处在同一地带上的单纯的地理关系，而且在政治、经济、思想、文化上也紧密相关。这种关联不仅现在如此，在过去的历史脉络中也是同理。这种关联几乎和文明圈的关联相一致。正如赵东一所提示的，将世界分为东亚文明圈、东南亚文明圈、西亚北非文明圈、撒哈拉以南的非洲文明圈、大洋洲文明圈、中南美文明圈、欧洲文明圈[1]的时候，东亚的地域性关联正相当于东亚文明圈。东亚地域具有汉字文化圈以及儒教文化圈（或者儒、佛、道文化圈）的共性，共有着19世纪后半期在西洋帝国主义列强的侵略下，被迫编入西欧的近代或者资本主义近代的历史经验，而且现在在经济上取得了相当可观的成绩（尽管各国情况不尽相同），在世界资本主义体制内部正从边缘位置向中心位置移动（或者被称为如此）等各种共性。[2] 根据以上的研究，指称中国、韩国、日本形成的地域构成体时东亚要比东洋这个词更为恰当。

三、相同的与互异的

东亚，或者说东亚性的东西究竟是什么呢？我们在说"东洋为道德，西洋为技术"或者"东洋的精神，西洋的物质"的时候，将东洋性的东西阐释为精神是不恰当的。这些说法在近代初期曾经发挥过作用，但今天且不追究它究竟还有什么作用。它事实上

---

[1] 赵东一：《世界文学史的虚实》，第30页。
[2] 这三种共同点中前面两点中越南也不例外。越南尽管也有必要被视为东亚的一部分，这里暂且不论。

仅仅是对某一个侧面的过大夸张，而不是对特性的理解阐释。东亚性的东西指应该从政治、经济、思想、文化等各个方面去理解的特殊存在于东亚的东西（不管是性质还是要素以及结构）。我们常将其和西欧性的近代相对立或者寻找与其相异的地方，其实那样很容易导致错误结论。我们不妨看一个东亚话语的例子：试图在东亚传统中发现一种与西欧近代的二元论式对立世界观截然不同的一元论式的、统一的世界观，并将其视为东亚性的东西。首先，这种一元论式的、统一的世界观在近代以前的西洋也不乏存在，不仅存在而且还曾十分活跃地展开，我们不得不承认这是既成事实。文学上假如将东亚的传统文学概念区别于西洋近代文学的狭隘概念的话，通过强调东亚文学概念的广泛（如教述体裁[1]就是典型）去理解东亚文学的特性，同样会出现上述问题。西方在近代之前文学的概念也同样很广泛，而且教述体裁几乎处于中心位置。如此说来这些差异并非东西之差，岂不是古今之别吗？也就是说，为了正确了解东亚，不仅需要了解近代的西洋，而且还要深知古代的、特别是中世的西洋。换个角度来讲，我们可以看出，东亚传统中并非只有一元的、统一的世界观，而二元的、对立的世界观也曾经是中心话语。性理学中的理气二元论正是同理。如此看来，不管是在西洋还是东洋，近代还是古代，关键不是选择二元论的、对立的世界观还是选择一元论的、统一的世界观，而在于理解到两者之间的互动关系。换个角度来说，原来认

---

[1] 按照赵东一的理论，文学体裁可分为抒情、叙事、戏剧、教述四种体裁，教述体裁包括原封不动地反映现实世界，而且作家创造的世界形象并不出现的作品。——译者注

为和西洋很不同的东亚性的东西，可能在印度（南亚）或者中东，甚至非洲也能发现。如尊重自然的态度，自然合一的思想就是如此。这种情况不应该用东亚这个概念去囊括，而应该用一个更广阔的概念去涵盖。这正是需要既宽又深的比较文化存在的理由。

我们在说正当找到东亚特性的时候也依然存有问题。首先，就算暂且不提西洋，也存在一个和其他地区的特性如何设定关系的问题。如果缺少一种对其他地区的特性采取平等立场的充分尊重，就会出现另一种中心主义。这种前车之鉴曾经发生在印度的贤人身上：泰戈尔的信念——"作为亚洲母亲的印度，治疗世界疾病的印度——亚洲精神"[1]，以及尼赫鲁的主张"印度是亚洲众多实力的自然中心和焦点"[2]。甚至还有我们的民族诗人金芝河也曾说过："将环境问题视为媒介，在不断更新自我的同时有创意地走向世界的时候，朝鲜半岛是新文明的新中心。"[3]言语之中可以发现另一个中心主义的影子。

最终我们可以发现，问题在于相同与互异的关系。例如，赵东一开拓了一条新的文学方向，即由韩国文学走向东亚文学，再由东亚文学走向第三世界文学，然后从第三世界文学走向世界文学。赵东一主张这个方向是为了"究明普遍性的展开，为了寻找一个一般原理"，而并不是为了使韩国文学的特性在东亚文学、第三世界文学以及世界文学中起到霸权主义的作用。[4]但与这种

---

[1] Stevenha：《印度人的东亚观》，郑文吉、崔元植、白永瑞、全炯俊共编，《东亚，问题与视角》，第 237 页。
[2] 同上书，第 282 页。
[3] 金芝河：《有关"歪斜的均衡"》，同上书，第 442 页。
[4] 赵东一：《东亚文学史比较论》，第 312 页。

故意的立场声明相反的是，赵东一的研究实际上很容易发生韩国文学中心主义的危险。赵东一的寻究相同是为了消除互异。首先赵东一从韩国文学相对于西洋文学的特性出发，然后找出了东亚各国文学和韩国文学特性相符的最大共性，总结出东亚文学的普遍性。

这其中很可能出现将相似视为相同的倾向。如果这种倾向严重的话，很可能就会重蹈萨卡尔的覆辙。萨卡尔在发现中国和印度宗教之间的类似之处后便兴奋不已，宣称中国人和日本人都是印度人（Hindu），"印度斯坦首先堪当了亚洲学派"，并贸然得出结论"亚洲精神如此一来可以说是一体"。[1] 赵东一虽然不至于此，但在他对巴赫金和鲁迅的解读中表现的肤浅令人难以置信其观点。他对巴赫金的解读中指出："巴赫金主张小说从古希腊时代以来就和叙述诗共存，是一种没有固定形式的、以开放形式为特征的稳重文学。"[2] 但巴赫金的本意并不在于主张叙事诗和小说这两个题材从古代以来就共生共存。他的一段名言指出："小说在叙事诗性的距离被瓦解，人和世界两者在一定程度上具备了戏剧性亲密关系之后，艺术性再现的对象被贬低为未完成的流动性当代现实的瞬间，才具备了自己的形态。"[3] 从这段名文中可以看出，它讲的是小说的发生和起源，并且叙事诗在这里并不是作为题材实体而论，而是从叙事诗的距离这个角度才具备了意义，它所指

---

[1] Stevenha，同上文，郑文吉、崔元植、白永瑞、全炯俊共编，《东亚，问题与视角》，第 248—249 页。
[2] 赵东一：《东亚文学史比较论》，第 425 页。
[3] 米哈伊尔·巴赫金：《长篇小说和民众语言》，全承姬等译，创作与批评出版社，1988 年，第 60 页。

的主要是普遍理念以及统治地位的意识形态发现方式。巴赫金的本意为，对普遍理念、统治性意识形态的背离和分裂瓦解了叙事诗性的距离，取而代之的是，在脱神圣化、脱经典化的意图之下便诞生出了模仿诗文的小说。这并不是说的一种共存关系，而是有关体裁本质上的关系和差异。另外，赵东一曾言鲁迅"写了《阿Q正传》辛辣地讽刺毫无反抗、甘受屈辱的底层民众"，"从展开方式上讲和之前的小说并没有明显区别开来的特征"。[1]但《阿Q正传》中的阿Q并非"毫无反抗、甘受屈辱的底层民众"，这只是他的一个侧面而已。《阿Q正传》的讽刺并不单纯而是十分复杂的，作家对待"阿Q"的态度也并不单一而是多面复合的。并且，《阿Q正传》的展开方式尽管和之前的小说存在相同特征，但不亚于相同特征的，或者说更多的是截然不同的新特征。在这一点上反而应该说它是十分现代的。赵东一断言鲁迅"说《阿Q正传》是'传'中的'正传'，是在强调采用了以前的叙事方式这个事实"[2]，但实际上这是鲁迅特有的反讽而至，它的含义是对以前的叙事方式进行的一种强烈攻击性的讽刺。这种误释不管是否有意为了寻找相同点，但随时都可能发生，这便是最大的问题。寻找相同点的错误最终还是为了其出发点——韩国文学的特殊性在世界文学普遍性中成为中心。尽管其作者的意图已经明示为，在于"在韩国将研究韩国文学得来的成果作为出发点，开始重新理解世界文学，和第三世界的其他各个中心密切联系起来，予以论证

---

[1] 赵东一：《东亚文学史比较论》，第417页。
[2] 同上书，第417—418页。

世界上并没有中心这一原理"。[1]

另外，郑在书和寻找相同点的赵东一的思路形成了鲜明对照，他向着东洋对西洋的复权，以及东洋内部周边对中华的复权这个方向，开辟了一条寻找相异之处的路径。郑在书寻找相异的路径是一种脱中心的连续作业。他的研究在对东亚神话的解释中，解构了中华主义这个中心主义、复原了神话时代的多元文化现象，在这些方面做出了闪耀成果。但这些研究却表现出了对普遍性的相对轻视。郑在书对于从东亚多元的文化现象中得出一种普遍性的意义网这一点上表现得漠不关心。有可能他之所以不关心是为了警戒另一个中心主义的形成，但他的研究作为我们现在热议的东亚话语来看是不足以纳入的。也许，郑在书对于通常使用的普遍性概念持反对立场。如果将多元性的文化状况自身视为发现方式的话，从中想得出某种普遍性的意义网的想法就已经堕落为一种普遍主义（当然普遍性和普遍主义是不同的），这种思路是十分有可能的。那么需要对这种多元的普遍性概念进行概论性的考察，另外，"西洋对东洋"这个结构整体也需要从多元性的普遍性这个视角上重新考察。而且，中心解构工作的结果也应该对复权的周边强化进一步的冷静批判。比如，尽管一方面可以接受东亚小说的"不同之处"为强烈的故事性和章回的长篇性、史传性，另一方面对于不加批判地进行肯定并将其肯定结果照搬适用于当今小说的方式，应该三思而行。[2] 东亚小说的特性如果今天能复活的话，它并非无条件的回归，而应该是靠"创造性地活用"的。

_____

[1] 赵东一：《世界文学史的虚实》，第 40 页。
[2] 郑在书：《重新站立的东亚文学》，《东洋性东西的悲哀》，第 61 页。

此时复活的东西是和古代既相同却又不同的。正是这种思路唤醒了我们认识到，对东亚性的追求是一种为了克服近代的方法。

四、理念型和方法

东亚性这个自我认同感被西欧式的近代边缘化、歪曲、压迫，如果说这就是东亚性近代的真面目的时候，我们将这种东亚性复原后并将其创造性地活用，就可以为创立西欧式的近代乃至资本主义性的近代之后的新时代做出贡献。这种语境下我们不得不关注一下战后日本曾做过尝试的竹内好。

竹内好的亚洲论可以概括为日本应该克服近代、建设亚洲。这里竹内好所说的近代是西欧的近代。它是"欧洲发生的独特社会以及文化的存在形态"[1]。一方面，竹内好在这里所说的亚洲"继承了欧洲文明所具有的优点的同时，又克服了其问题而形成的更高层次的文明状态"。[2] 竹内好认为日本的近代是毫不抵抗地接受强制性西欧的近代。这里所说的抵抗是指为守卫亚洲本性而做的抵抗，正是因为日本没有做这种抵抗，所以丧失了亚洲性的本性。这也是对福泽谕吉"脱亚入欧"的痛烈批判。更夸张点来说，"脱亚入欧"的日本只不过是个丧失自我的傀儡。这种日本最终是无法到达一个理想型的亚洲国家的。而有可能到达理想型亚洲的反而应该是亚洲其他国家，它们从西欧的标准来看尽管十分落

---

[1] 咸东珠：《战后日本知识分子的亚洲主义论》，郑文吉、崔元植、白永瑞、全炯俊共编，《东亚，问题与视角》，第 202 页。

[2] 同上书，第 207 页。

后，但没有放弃抵抗。因为抵抗的辩证法使理想型的亚洲变得有实现的可能。所谓抵抗的辩证法指的是如下内容：

> 东洋在持续的抵抗过程中媒介了欧洲性的东西，并创造了超克欧洲的非欧洲性的东西。[1]

在另外一篇文章中对于抵抗的辩证法详细说明如下：

> 现代的亚洲人所考虑的不是如此，为了大规模实现西欧的出色文化价值，西洋又一次被东洋所矫正。相反，西洋由此得到了变革。依靠这种文化上的反击，或者说价值上的反击创出了普遍性。东洋的力量为了提高西洋所创出的普遍价值变革了西洋。这正是东对西的现在的问题。[2]

竹内好从鲁迅身上看到了这种抵抗的典型，这种抵抗的辩证法正是为了达到理想型亚洲的、作为方法的亚洲。所以，竹内好的亚洲既是理念型也是方法，既是方法也是理念型的、具有双重意义的亚洲。

竹内好的亚洲论对 19 世纪末到 1945 年日本帝国主义没落时出现的亚洲主义进行了历史性的考察，缩小解释了亚洲主义的侵略主义性面貌、日本帝国主义的意识形态面貌，却强调了连带意识和心情。按其所说，靠连带意识形成的初期亚洲主义，1880 年

---

[1] 竹内好:《中国的近代与日本的近代》,《东亚,问题与视角》,第 208 页,再引用。
[2] 竹内好:《作为方法的亚洲》,同上书,同页,再引用。

之后之所以成为侵略主义，是因为心情和逻辑分裂开了，而后者压倒了前者所致。[1] 这个"心情和逻辑的分裂说"无论如何看都难圆其说。看似巧妙但事实上所谓心情和逻辑的分裂具有和所有意识形态的属性——名分和实际的分裂一样的结构。这样看来，竹内好很可能是和自己的意图相反，南辕北辙地认真探讨了1945 年以前的亚洲主义的意识形态属性。竹内好最终没有将自己的亚洲论和侵略主义意识形态——1945 年以前的亚洲主义明确区别开来，不仅如此，反而显现出一副尽量寻求两者共同点的姿态。为何如此呢？在提出这个问题的同时，笔者注意到竹内好亚洲概念的双重性。问题在于理念型的亚洲上。理念型的亚洲为"既继承欧洲文明所具有的长处，又克服它所具有的问题，形成一种更高层次的文明状态"，也就是说，克服西欧近代的状态会是什么状态呢？它应该是和通过抵抗竭力守卫的亚洲具有本质不同的某种状态，也可以说是要比竭力守卫的亚洲更为普遍的、比西洋近代所创造的价值更为普遍的状态，这里怎么又重新启用亚洲这个词汇来表达呢？实际上对于竹内好来说，近代克服的展望也许是十分空洞的。将亚洲这个名称赋予一种毫无内容、空洞的东西身上时，最终必然会陷入东西对立这个框架之中，此时的亚洲在东西对立关系中便会产生亚洲中心主义，而在亚洲内部会将东西对立关系转变成其他国家和日本的对立，这是情理之中的事情。东西对立问题存在于资本主义结构的问题之中。竹内好对这一点全然无觉。理念型的亚洲阻碍了他反省自己的全然无觉状态。

---

[1] 有关对竹内好的"心情和伦理的分裂说"的详细解释，请参看咸东珠的前文，《东亚，问题与视角》，第 222—225 页。

竹内好带给我们最终的教训是，他对于理念型的东亚所具有的危险性进行的提醒。因为理念型的东亚自身就是一个目的，不仅容易变成一个意识形态，而且往往容易忘却自身实际上是在为更高层次的另一个意识形态做贡献或者被利用。作为方法的亚洲则不然。因为它是一个方法，不仅没有变成一种意识形态，而且因为它是在自我意识中不断思考自身为何存在的，就不会忘却自身是在为何种意识形态做贡献或者被利用。简言之，作为理念型的东亚缺少自我省察，而相反作为方法的亚洲总是在自我省察中进行的。实际上，现存的东亚话语们大部分是由理念型的层面和方法性层面混存的。这种混存也许是东亚话语的存在条件，但即便如此，或者说如果是这样就更需要将其意识化。

东亚最终应该是一种为了克服西欧中心的、近代资本主义式的方法。而且应该是限于东亚的相对性的东西。南亚有南亚的方法、中东有中东的、非洲有非洲的方法。这些方法尽管都不相同，但在为了克服西欧近代、抵达超越资本主义的彼岸这一点上又是相同的（西欧也有为了克服近代西欧式方法的西欧）。它们没有中心，同时到处都是中心。它们之间的对话和沟通、连带当然是有可能的，同时也是我们应该追求的。这种关系对于东亚内部的各国都是同样可言的。还有，东亚话语最重要的是应该在对资本主义近代的彻底反省中形成。在世界资本主义正飞速地全面实现的今天，换言之，东亚话语是一种为了和现实斗争、克服现实的有效方法，而非现实的逃避之处。

（原载韩国期刊《想象》1997 年春季刊）

白永瑞

连动着的东亚，棘手的朝鲜半岛

一、为何现在还谈东亚？

2010 年是朝鲜战争爆发六十周年，又是朝日强行合并一百周年，这一年东亚市民社会展开了很多反省和平与和谐的活动及连带运动。然而，这一年又连续发生了许多背道而驰的事件：3 月发生在朝鲜半岛西海的天安舰事件，11 月的延坪岛炮击事件，以及在钓鱼岛周围发生的中日冲突事件。这些事件将东亚各国间的矛盾又推向了一个高潮，不仅如此，2011 年的东亚仍然笼罩在这种紧张的氛围之中。然而，幸亏 1 月 19 日（当地时间）华盛顿召开的美中首脑会谈中就朝鲜半岛问题达成了折中性协议，与此相应，南北会谈有可能重开帷幕。但在韩美日三国中，朝鲜、中国"威胁"论仍然挥之不去，在中国，大陆被美国包围的危机感也日益助长着美日同盟威胁论。

东亚的这种局势使"新冷战论"得势，而"共同体论"则显得无力。主导这一地区的美国霸权在衰退的同时，由于中国的崛起而发生的权力转移使这一地区局势不稳、矛盾重重。在这种结构下，韩美日加强了同盟关系，朝中关系也更加紧密，使半岛局势更加紧张。这样的局面中，各国间的紧张关系转化为理念和价值观的对立，随之出现了向"新冷战"方向发展的社会势力，这是不容忽视的。但如今不光是美国，包括韩国、日本（至少在经济方面）也出现了与中国的互惠互利发展，由此，东亚是很难再回到以前那种对垒阵营的局面的，所以"新冷战"到来的说法凭据不足。而且我们很容易发现，东亚内部正在运转着不同层次的相互依赖的合作。日本的东亚共同体评议会在 2010 年发布的白皮书中说，2005 年到 2010 年东亚的地区合作正稳固进行。即使在政治结构，即以制度化的发展为测定标准的情况下这种合作还很不足，但如果以贸易、投资、金融、政治、安保、文化交流等功能性部门及理念、价值观统合的发展度为标准的话，那么东亚的合作成果十分显著。[1]

　　笔者通过国内外活动的经验发现东亚话语和连带运动正活跃进行着。[2] 东亚各国正唇齿相依地连动着。问题是我们要把"连动着的东亚"[3] 引向何方，是引向新冷战还是共同体呢？笔者（和《创作与批评》编辑部）从 20 世纪 90 年代初就开始深入探讨连动的东亚、探索人类解放的道路，这就是我们所主张的东亚话语。

---

[1]　东亚共同体评议会议编:《东亚共同体白书 2010》，东京立花出版社，2010 年，第 161—163 页。

[2]　关于话语，笔者所说的"过去二十年的丰收"根据为，2000 年以后就连之前对东亚认识十分罕见的中国也开始扩散东亚话语，有关连带运动参见《2006 东亚连带运动团体白皮书》，瑞南论坛编，2006 年。

[3]　笔者所说的"连动"是为了与山室信一所提出的"连锁"概念相区别而选择的术语。按照在日学者赵景达的批判，在亚洲思想的连锁"日本是主体、亚洲是客体"。（久留岛浩、赵景达编，《亚洲国民国家构想》，青木书店，2008 年，第 2—3 页）

而当下的局面不正需要这一话语吗？

从韩国出现东亚话语的 90 年代初 [1] 算起，至今有二十年了，这个话语"结合过去二十年间政治经济文化领域最现实的论点发挥了一定的影响力"，有学者曾指出东亚话语"看似硕果累累，但实则虚夸"。[2] 这个说法是否正确需要进一步考证，韩国的东亚论主要由"《创作与批评》团队"主导，而笔者作为其中一员，与成就感相比，感到更多的是责任感。所以，这个成果在各种话语的分支——其中不乏"泡沫"现象——中 [3]，有何不同或意义呢？今后的课题又是什么呢？笔者在这里有必要进行明确说明。

笔者的东亚论包含了形势论和文明论（或者思想课题）两个方面。它也坚持了一直以来"创批"的立场：与该地区的时代现状紧密结合、忠实于每天的现实，同时又用长远眼光与宽阔视野看待问题。此外，这种讨论还超越了以往人文与社会科学分科讨论东亚的局限性，在立足实践经验的同时努力实现了跨学科式的研究和写作。最近"创批"团队正在尝试构筑"社会人文学"这条路来付诸实践。[4]

与之一脉相承的是，在解决我们所面临的问题的时候，同

---

[1] 大部分研究者们认为韩国东亚话语的系谱从《创作与批评》1993 年春季刊"世界当中的东亚，新连带的探索"为起点。

[2] 尹如一：《东亚这个问号》，《黄海文化》，2010 冬季号，第 306 页。

[3] 我国学术界有多种看法，其相关文章如任佑卿的《作为批判性地域主义的韩国东亚论的展开》（《中国现代文学》第 40 号，2007），朴承佑的《东亚地域主义的话语和东方主义》，（《东亚研究》54 号，2008）等。

[4] 有关社会人文学，参看拙稿《打开社会人文学的地平：从"公共性历史学"出发》，《东方学志》，第 149 辑（2010.3）。

时考虑到长期课题和中短期课题，并将其连贯为一体的实践。笔者想在这里提示一下，这一思想已经植根于韩国东亚论的知性系谱中。

二、东亚论的知性系谱与新的情况

正如我们所知，90年代初韩国知识界开始"发现"东亚，而形成东亚话语的重要背景，正是当时苏东社会主义的解体和冷战的终结。特别是可以与冷战时期断绝关系的中国的接触，为我们想象东亚提供了核心动力。冷战时期，我们的想象力仅限于分断体制下朝鲜半岛南半部的"半国式"地理想象，但1992年中韩建交前后便扩及整个东亚了。另外，在韩国经济的发展和1987年以后民主化的进一步实现的基础上，学界开始重新回顾以往的民族民主运动，从而成为打开东亚想象力的内在因素。

在此基础上，笔者十分重视韩国思想史体系的内在连续性。但本稿的主旨并不在于为东亚认知做系谱学的梳理，因此只强调两种与笔者等人的东亚论有直接渊源的思想源头。

首先要讲的是19世纪末20世纪初朝鲜知识分子们在面对西方列强入侵时提出的"东洋三国连带"论，他们把包括朝鲜在内的东亚看成一个单位。当时的朝鲜学者们在甲午中日海战击溃中华秩序之后，需要积极探索左右国家和民族存亡的新的区域秩序。衰败的清朝已经不再是天下的中心，它作为东亚地区的一个国家而被相对化，朝鲜学者开始重视朝鲜与新崛起的日本的关系，从而衍生了东亚连带论。

对此，我在另一篇拙文中曾做过详细介绍，[1] 这里只想再次强调一下当时东亚论包含了形势论和文明论（或者思想课题）这一特征。当时的东亚话语是将东洋（地区）的和平和朝鲜（国家）的独立联系起来而讨论的，其正当性则来自文明——作为一种普遍性文明的儒教或者西方文明。[2] 例如，安重根在分析了日俄战争后朝鲜沦为日本的保护国等国际政治现实后，怀着一种探索具体对策的现实紧迫感，构想出了势力均衡论。他以儒教的信义为基础，提出了系统的"东洋和平论"。此外，当时亡命天涯的申采浩认为大陆势力中国和海洋势力日本对外出入的交叉点都是朝鲜半岛，而在这个交叉点上如果阻挡住两国，那么则是"有史以来朝鲜人的天职"，1919 年"三一运动"之后他也强调辅助"朝鲜独立"的是"东洋和平的要义"。[3] 正是如此，前人的思想结构将短期的形势分析和中长期的话语结合，它和笔者等人自 90 年代以来构思的东亚话语是一脉相通的。

此外，活跃于 70 年代末到 80 年代上半期的第三世界论也是不可忽视的。因为可以说学者们在补充完善第三世界论的同时提出了东亚论。我们当时提出的民众性民族主义是一种通过反省西欧中心主义，探索基于民族和民众生活的反抗伦理及新世界观的理念，其中包含了对第三世界的关心和连带意识。所以，90 年代风云变幻的背景下反省民族民主运动的时候，我们在克服民族主

---

[1] 拙稿《回归东亚》，创作与批评出版社，2000，146—198 页。

[2] Andre Schumid, Jeong Ye Oul 译：《帝国中间的韩国 1895—1919》，人文主义出版社，2007 年，第 234-235 页。

[3] 崔元植、白永瑞：《东亚人的"东亚"认识》，创作与批评出版社，2010 年，第 196—214 页。

义（封闭性）的同时，为找到第三世界问题意识的核心，我们很自然地会从离我们最近的地区和文明开始寻找答案，即开始重视东亚。崔元植在 20 世纪 80 年代初将其表述为"第三世界论的东亚式创造"。[1] 由此可以得知，70 年代以来的民族文学论与第三世界论相结合最终产生了东亚论，而东亚论的萌发又是以反省民族主义为契机的。也就是说，第三世界论起到了"控制民族文学论内部的民族主义这一导火索"的作用。[2] 同一时期，金钟哲也提出期待第三世界论可以"同时认识到民族主义的历史意义和局限性"的观点。[3] 构成东亚论的核心依然是对民族主义乃至国民国家的抵制。

当时第三世界论发展为东亚论还有另外一个契机（我们还没有充分考虑这个因素）。它就是白乐晴的问题意识：当时提出的第三世界论与其说是一个地域性概念，不如说是一个从民众的立场上观察世界现实的概念。"从民众的立场来看的时候——如从韩国民众的立场——说自己是第三世界的一员的时候，这句话的重要性在于它体现了他们认为自己所面临的问题正是全世界人类的问题，即虽然说是将世界分成三个板块，但其实它的真正含义反而是将世界看成了一个整体。"[4] 这种视角可以说是将我们的东

---

[1]　崔元植：《对民族文学论的反省和展望》，《民族文学论的逻辑》，创作与批评出版社，1988 年，第 368 页。

[2]　崔元植：《天下三分的东亚论》，《帝国之后的东亚》，创作与批评出版社，2010 年，第 64 页。

[3]　金钟哲：《第三世界的文学和写实主义》，《诗性的人类和生态的人类》，三人出版社，1999 年，第 309 页。

[4]　白乐晴：《第三世界和民众文学》，《寻找人类解放的逻辑》，诗人出版社，1979 年，第 178 页。

亚论从封闭的地域主义中解放出来，作为批判性地域主义追求世界性变革的酵母，我们今后必须使其继续发酵。

如上所述，我们的东亚论与韩国的思想系谱[1]紧密相连，从90年代其就与韩国国内外形势为背景的东亚论如今已有二十余年的历史，如今国内外形势都有所变化。首先，值得关注的是被称为"G2"或者"Chimerica"的中国的大国崛起现象。这和二十年前与中国接触的过程中"发现"东亚的那个时期截然不同，东亚论必须正面面对这个课题。如果说一百年前中国的败落使东亚局势变得动荡的话，此次中国的强国化使得这种结构性的动荡更加剧烈。然而认为为了牵制中国应该依靠美国的主张是一种鼠目寸光，我们应该在东亚协力的框架下探讨这一问题。因此，进一步完善东亚论就显得尤为迫切。

如果不想停在纸上谈兵阶段的话，朝鲜半岛的作用就显得不容忽视。南北双方应该具备主动解决问题的能力，既不倒向这个大国也不倒向那个大国，确保能够恰当充分活用两国的空间。2000年的"615宣言"协商的南北正常会谈曾让我们一度确认："摇摆不定的分断体制"进入了"解体阶段"[2]。尽管现在朝鲜半岛关

---

[1] 虽然本文中没有详述，同样值得关注的是克服朝鲜半岛分断的意识所引发的东亚论。林荧泽和崔元植在编纂《转换的东亚文学》（创作与批评社，1985）的过程中回顾了东亚这个观点提出当时，"问题意识来源"是分断问题和"统一意志"（《韩国学的旅程和东亚文明论》，《创作与批评》冬季刊，2009年，第339—340页）。此书的序中之处，为了解决分裂问题，作者真切期望"从根本上对东亚世界的主体认识和理解"。

[2] 根据1998年白乐晴提出的"摇曳的分断体制"，可将分断体分为几个时期：以1987年的"六月抗争"为起点分断进入摇摆不定的时期；随后2000年6月南北首脑会谈的成果表明"分断体制的自我终结"，即进入解体期。（白乐

系日益紧张，但我们依然能在日常生活中感受到过去南北冰释的成果。这种不可逆转的变化也是东亚论必须考虑的重点内容。

此外，到现在为止，韩国内外形成的东亚连带运动的发展以及话语的扩散、深化也是不容忽视的变化，这些变化都将成为东亚论今后向前发展的重要养分与催化剂。

三、东亚的范围和东亚共同体的问题

现在笔者将探讨构成东亚论的核心观点，同时也作为一次自我省察的机会。这些问题同样也是我们在谈东亚论的时候经常遇到的（有时是批判性的）质疑。

首先是有关东亚这一地区名称和范围的问题。正如亚洲、亚太、东洋、东方等相关概念的历史变迁中体现的那样，东亚这个概念不是指一个地理上有固定界线或者有具体版图的实体，它是一个根据组成这一地区的主体们的行为而流动的历史性组合体。也就是说，根据称为东亚的主体所担负的课题的不同，会出现各种"作为实践课题（或者项目）的东亚"。[1] 只有以此为前提，才不会造成东亚这个概念的模糊不清，而同时话语界定也会更加明晰、连带运动的对象才会明确。

晴：《朝鲜半岛式的统一，现在进行式》，创作与批评出版社，2006 年，第45—48 页）

[1] 东协 +3（韩中日）再加上印度、澳大利亚、新西兰扩大为"东亚共同体"，有的"东亚"概念还包括南亚和太平洋地区，所以地区的名称是具有建构性的。同样，与朝鲜半岛的局势安全问题有关的六方会谈是包括了美国和俄罗斯的东北亚，而作为都市交流圈的"黄海沿岸""黄海城市共同体"（金锡哲）等这些概念对横贯国境的地区进行了各种构想。

笔者将"东亚"这个概念用于涵盖东北亚和东南亚。由于概念具有流动性，所以很早以前就将"作为知性实验的东亚"这一术语视为关键词。将东亚广泛用于包括东北亚和东南亚的概念，是很有可能弱化儒教文化圈乃至汉字文化圈的共有特性的，但这个概念却也会成为一个涵盖各种思想的交叉点，涵盖经济文化上相互依存的地区现实与历史——中华秩序、大东亚共荣圈等东亚秩序的历史。并且，将东南亚加入进来，可以摆脱"东北亚中心主义"这一嫌疑，通过"东协模式（ASEAN way）"加强在"东协+3"框架中起到中枢作用的东南亚和韩国的战略性连带。[1]

正是这一点与笔者提出的"双重边缘视角"有关，即同时需要两种边缘视角的问题意识：需要一种在以西方为中心的世界史展开过程中被迫走上非主体化道路的东亚这一边缘视角，同时也需要东亚内部被压抑的地区的边缘视角。[2] 这一视角的提出，是为了确保一个能够从理论实践双重层面实现脱殖民、脱冷战、脱霸权的三位一体[3] 课题的空间，而通过这个视角可以同时批判美

---

[1] 黄寅远：《追求扩大的东亚地域主义和东盟的认识与应对》，《东亚研究》54 号，（2008 年）第 59 页，"东盟模式"是指上不多数表决，而是根据会员国集体协定的方式进行表决。这样就会出现不易达成协议的问题，这是会"考虑到会员国不同的政治、战略性利害关系，通过非正式的私下接触来解决问题的方式"。

[2] 有关"双重边缘视角"，参考白永瑞：《从周边看东亚》，郑文吉等编：《从周边看到的东亚》，序言，文学与知性出版社，2004 年。笔者将关心的范围从东北亚（狭义的东亚）扩大到包括东南亚的东亚应该是从提出"双重边缘视角"开始的。朴承佑指出了这一点。笔者对此关心的契机来自 2001 年赴台湾度研究年的经历。

[3] 这个概念是改编陈光兴的"脱殖民、脱冷战、脱帝国三位一体"概念而来的，

国（以及其下属搭档——日本）的霸权和（过去的传统时代也曾如此）21世纪中国预期在东亚建立的霸权。同时,这里讲的"边缘"不仅仅指边缘化的国家,还包括了"近代国家形成过程中作为一种骤变而被忽视的国家缝隙间'不具备国家形态'的社会,以及那些超越国境的离散民族集团"。[1] 这样我们就可以从国家单位的思维中摆脱出来,让思考更具弹性。

下面是东亚共同体问题。与东亚共同体相比,笔者一直强调的是超越国家单位、将连动着的东亚看成一个思考单位的"东亚视角"。但强调东亚视角使笔者在宣导和谐、和平的东亚未来的实践中常常被认为是"东亚共同体论者",因此笔者开始关注这个问题,但如果谁要是问笔者所追求的是否是东亚共同体的话,我的回答是"是,不是"两个答案。社会科学研究者们关注到是狭义的或者政策层面上的东亚共同体,他们主要关心国际或资本主义主导的政治、经济、文化领域里日益紧密的相互依存关系这一现实（即地域化）,和以此为基础的地区合作化制度化（即地域主义）。与之相对,人文学者们更重视个人之见的自发性结社型共同体或者是非制度性关系网的构建。正如前面所强调的"社会人文学"型的研究态度一样,笔者一直在努力坚持一种克服这种社会科学和人文学之间的分歧,统合两者的视角。[2] 唯有如此,我们才能顺利地以批判性的角度介入地域化

笔者将脱帝国换成了脱霸权是因为如果中国追求霸权,这个说法也可以用于中国。

[1] 郑文吉等编,同上书,36页。

[2] 日本中国问题研究专家天儿慧（Amako Satoshi）也持相似的观点。他曾讲道"'东亚地区的统合'本身是可以通过'作为方法的东亚'这一途径来实

的具体现实和地域主义构想，同时能够从（整合制度和价值的视角）锐利地审查，它是否是一个走向更能充分实现人性尊严的地域共生社会，是否是一个真正意义的东亚共同体之路。与国家和资本主导的制度性东亚共同体相比，我们所追求的是一个向着真正的共同体迈进的作为过程的东亚共同体。因此，我同时给出了是与不是两个答案。

固然现实当中存在着地域化与地域主义之间不一致的现象。但是在这些差距当中，市民社会才有了参与东亚共同体形成的机会。尽管现实中的地域统合在逐渐实现，但制度化的正式统合（community）甚至广泛联合（union）要在东亚实现是不太可能的，这是因为除了国家间的利益冲突等普通理由之外，这个地区的特殊情况——中国太大——这一理由十分明显。但饶有趣味的是，正是这个原因，与国家间的合作相比，以民众、市民为中心的协力才显得尤为重要。也就是说，公民参与是东亚共同体有别于其他地域共同体的一个特点。

但不管是通过市民参与型还是国家主导型实现东亚共同体的过程中，我们应该积极推动两个方向：跨越东亚各国国境的地域统合过程和实现构成各国每个成员的最大参与性的内部改革过程。[1] 只有这样才能在东亚人的日常生活中感受到东亚共同体，即像追求这种目标的人们所期待的那样，切身感受到正一步步走近能够提高生活水平的真正的共同体。

现的。"天儿慧，《东亚连合之路》，筑摩书房，2010 年，第 27 页。

[1]　白永瑞：《和平想象力的条件和限制：东亚共同体的省察》，《公民和世界》，10 号，2007 年。

四、东亚论和分断体制结合的三个层面

下面仔细追究一下这两个方向性是否在朝鲜半岛现实中运行。之所以重视朝鲜半岛与其说是因为它是我们生活的基地，不如说因为我们展望到，分断的朝鲜半岛是世界霸权统治体制的重要据点，这里的变革将成为对世界性压迫体制的攻击，同时也将成为资本主义变革的导火索。[1] 但不知是否因为这个说明还有所不足，所以每逢笔者提及，总招致"韩国 / 朝鲜半岛中心主义"的嫌疑。对此后面将做详细论述，这里暂且对朝鲜半岛的场所性，即"现场"的意义进行简述。正如若林千代所说的，所谓现场是一个"各自独立的同时又紧密相关，每个人都在流动的社会或历史中通过寻找与自己密切联系的线索来寻找世界意识，思考怎么分享、怎么活用这种意识"的场所。[2] 问题是朝鲜半岛这个现场的命运取决于——孙歌所表述的"核心现场"[3]——是否能根据其具体性得出什么思想课题。

对此，用"创批话语"中经常使用的表达方式来说，是否实现了"同时思考全球性规模的长期性问题和中小规模地区以及中短期课题，将其与一贯的实践连接起来的任务"。[4] 如果这个任

---

[1] 白永瑞：《东亚论述与适应近代、克服近代的双重课题》，《创作与批评》，春季刊，2008 年，第 46 页。

[2] 若林千代在北京召开的"作为思想和现实的亚洲——冲绳会议"上的发言（2008 年 8 月 26—29 日）。

[3] 孙歌：《民众视角与民众连带》，《创作与批评》，2011 年春季刊，第 93 页。

[4] 《东亚论与近代适应、近代克服的双重课题》，35 页。

务符合本文主题的话，东亚论和分断体制论的相互作用将得以阐明。但"创批"提出的东亚论是否正如柳俊弼所批判的一样，仅仅连接着"表面上的关系"。[1] 也可能是由于笔者的立场不够充分导致的这种批判，但在这里笔者明确表示，东亚论和分断体制论互相结合在实践现场扎根的同时，也能够借助（将世界视为一体）第三世界视角，推动全球性对策发展成熟。

那么在复杂的多层的时间和空间里，东亚论与分断体制论是怎样相互作用的呢？我将从短期、中期和长期三个层面进行思考。

首先，以具体的形势分析为基础，分析韩国短期改革实践与东亚的关系。再次将介绍我对这种关系的个人体验。我去年（2010年）5月28日曾在冲绳民众的示威现场，这是因为美日政府公布要将冲绳的普天间美军基地迁至冲绳县内，所以冲绳居民四千多人集会游行。当时鸠山首相违背了之前所说的将基地迁移至县外的约定，理由是有必要保持美军基地的"威慑力"，而这个威慑力的对象正是朝鲜和中国。天安舰事件发生以后，因普天间基地问题陷入困境的鸠山首相马上提出了朝鲜威胁论，以此作为美军基地不得不继续留在县内的借口。当时我不禁会想到，如果我们韩国人按照2000年南北首脑会谈达成的"615协议"去神话南北和解的话，那么岂不是就能缓解现在冲绳人的痛苦了吗？我把自己的想法讲给他们听，便立即引起了"沉痛"的共鸣。[2] 半年之后，11月份延坪岛炮击事件再次令局势紧张，此时在金门

---

[1] 柳俊弼的核心论点是应该要求详细阐明两者的"内在关联性"。参看《分断体制论和东亚论》，《亚洲研究》138号，2009年。

[2] 胡冬竹：《保钓和反复归》，《琉球新报》，2010年9月27日。

岛召开的第三次东亚批判性杂志会议 [1] 上。冲绳的《覆风》总编冈本由希子问道：在缓解朝鲜半岛紧张的问题上，冲绳人应该做些什么？这不是证明东亚互相连动的有力证据吗？

所以，我们就算是为了东亚的和平，也应该继续努力和谐合力和力求统合，以满足南北民众生活的要求，也应该建立一种能管理这些危险要素的最基本的前提。这是南北走向统一的"中间阶段"，也是稳定地管理这个过渡时期的机制——国家联合或者初级阶段的联邦（这是 2000 年南北首脑打成的"615 协议"中的第二项内容）得以早日实现。在这个框架内保障朝鲜的体制稳定，使朝鲜参与到"与南北的渐进性统合过程紧密联系的总体性改革"中来，这是缓解半岛危机状况的最现实、最合理的方案。

而这一方案正好与中期课题复合国家论 [2] 一脉相承。事实上历史已经多次出现了联邦制和国家联合等形态的国家结合体。但朝鲜半岛试验中的复合国家十分独特，它既是国家间的结合也是国民国家的自我转换。这才是"615 宣言"之后在新时代下出现的独特情况。其目标并非南北双方中某一方对另一方的吸收统一，而需要通过反抗分断体制矛盾的实用性、创新性实践实现的保障人类尊严性的政治共同体。这一方案和保守派提出的"吸收统一"

---

[1] 有关第一次东亚批判性杂志会议，参看裴永大：《进步的危机和批判性知识分子的前景》，《创作与批评》，2006 年夏季刊；第二次会议参看白永瑞：《批判性杂志会议的现场》，《韩民族新闻》，2008 年 5 月 31 日。

[2] 这一用语最开始由千宽宇提出的（《我对民族统一的建议》，《创造》，1972 年 9 月号），后由白乐晴将其整理为克服分断体制的具体课题（《摇摆不定的分断体制》，创作与批评社，1998 年，193—194 页，204 页），笔者于 1999 年发表《中国有"东亚"吗？：韩国人的视角》，（收录于上文中的拙著），这篇文章曾引用这个概念，并将其扩展适用于东亚。

处于"倒塌危机"的朝鲜的方案截然不同；与部分左派担心内容——统一将构建韩国资本的霸权和成为纳入世界资本主义的一环——也有所不同；同时，与脱民族主义者们所忧虑的部分——以民族同质性为基础的统一会压制个人的多样性和多重身份——也大相径庭。前面两种主张如果一味追求静态的南北和平共处，就无法应对朝鲜半岛的严重危机所带来的现实问题，东亚论的立场与此截然不同。[1]但东亚论中没有提出要设定哪一种国家形态。我们的目标不是一种一蹴而就的分断体制的克服，而是植根于日常生活的分断体制克服形式，即，通过改革清除各种积弊、在朝鲜半岛建立一个人性社会的"作为过程的统一"。

在这个建设过程中，我们从东亚视角重新来看设想好多实践中的复合国家的时候，处于多元社会的台湾学者宁应斌所提出的"复合社会"概念值得思考，这一概念是由"复合国家"概念变通而来的。这一概念意味着克服社会各种分断现实，同时也是一种跨国家（trans-national）的概念，他主张通过复合社会来实现构筑复合国家。他尤其主张通过被边缘化的弱势群体——他举了同性恋者的例子——来解体国民国家。他的这种对于国家单位的解决措施极其不信任的态度实际上和前面所说的"双重边缘视角"相关。[2]与此相关，在日学者徐京植提出的"半国民半难民"的观点也值得关注。即通过保障处于难民状态的在日朝鲜人的权利，

---

[1] 对其批判观点参看：柳在建：《同一时代的改革和进步》，《创作与批评》，春季刊，2002 年。

[2] 宁应斌：《符合社会》，《台湾社会研究季刊》第 71 期（2008 年 9 月），第 267—279 页。他与"双重边缘视角"相应的，强调了"三重边缘视角"，即"人民内部的边缘"，例如，相对于男性的边缘——女性。

让他们"在东亚作为一种跨领域的政治性主体形成自我"。[1] 朝鲜半岛如果不是作为一个单一的国民国家的统一，而作为一个复合国家来统一的话，自然要包容各种身份的多样性和灵活性。建设复合国之路需要连带以在日朝鲜人为代表的外国人劳动者、朝鲜逃难者等这些有跨国家经验的主体们，参与到"一种新的分断过程中来，包括创建以前国家的解体战略——一种开放的、亲民型的国家机构"。[2]

这样的主张另外也引起了部分学者对其是否也会被国民国家所"收编"的担心，[3] 另有学者批判说这一主张"忽视了这一地区重要的国民国家"的存在，[4] 但笔者所说的复合国家同时在履行适应和克服近代国家的双重课题。笔者所说的并非去国家化，而是通过"克服国家主义的短期国家改革"[5] 来实现复合国家的成立，所以说是具有一定现实性的。

也就是说，要么通过朝鲜半岛上克服分断体制的运动在南北再统合的过程中实现国家联合形态的复合国家，要么东亚的其他

---

[1] 徐京植：《从"半难民"的位置上所看到的东西》，《难民和国家之间》，石枕出版社，2006 年，第 235 页。

[2] 白乐晴：《近代韩国的双重课题和绿色话语》，李南周编，《双重课题论》，创作与批评出版社 2009 年，第 190 页。

[3] 郑善泰：《东亚话语，跨过背叛与伤痕的记忆》，《文学村》，2004 年夏季刊，第 415 页。

[4] 张寅成：《韩国的东亚论和东亚认同》，《世界政治》，第 26 辑 2 号，2005 年，第 17 页。另外崔章集页批判地认为过小评价了仍然存在的近代国家的作用，是一种去民族主义。参看：《东亚共同体的理念基础》，《亚洲研究》118 号，2004 年，第 106—107 页。

[5] 对此更详细的论述参看：白乐晴：《国家主义的克服和朝鲜半岛中国家改造事业》，《创作与批评》，2011 年春季刊。

地区出现与国民国家形成过程相对的、在履行"双重课题"的过程中实现复合国家。所以，学者们将复合国家论（及与之相结合的东亚论）批判为"韩国/朝鲜半岛中心主义"实为误会之举。[1]

实际上在韩国的分断体制论和东亚论的结合已经在东亚成为一种思想参照体系，这一事实已经在某种程度上解除了这种误会。[2] 例如，台湾的陈光兴敏锐地认识到朝鲜半岛分断的南北对称关系与大陆、台湾关系的差别，但在重新认识两岸问题的时候活用了分断体制论。他认为克服分断体制并不是单纯性的统一，而需要一个新的视角，即"克服分断体制必然需要超越以往的自由、民族、市场、社会主义等想象，分裂社会间的差异在不断的相互作用的过程中产生新的形式和逻辑"。[3]

此外，尽管朝鲜半岛形成一个国家联合是形成东亚共同体不可缺少的部分，白乐晴曾再三强调它仅仅是为"为形成东亚固有的地区连带提供了一个必要条件"而已，这个强调也是针对韩国中心主义的反论。

与之相应的，日本学者坂本义和主张如果撇除朝鲜建立东亚共同体是根本不现实的，他曾赋予南北联合是为东亚共同体"转换范式的重核之一"的意义。[4] 尽管如此，朝鲜半岛国家联合的

---

[1] 国内的批判学者有柳俊弼、郑善泰等，此外还有国外学者，请参考孙雪岩：《试析韩国学者白永瑞"东亚论述"》，《山东师范大学学报（人文社会科学版）》第 53 卷第 2 期，2009 年。

[2] 对此现象的集中报道参看《台湾受关注的白乐晴的分断体制论》，《韩民族新闻》，2011 年 1 月 27 日。

[3] 陈光兴：《白乐晴的"超克"分断体制论》，《台湾社会研究季刊》，第 74 期，2009 年 6 月，第 30 页。

[4] 坂本义和:《二十世纪"东亚共同体"的意义》，《创作与批评》冬季刊,2009 年,

东亚、世界性意义在这一地区的知识界仍旧没有被充分认识。我们如果追究一下分断体制论和东亚论的相遇如何致力于探索长期的全球性对策，那么它的意义也就不言而喻了。

2010年是朝鲜战争六十周年。如今美国主导的世界体制何其坚固，可以说当年的朝鲜战争起到了举足轻重的决定性作用，而之后朝鲜半岛的南北分断体制对于世界体制的维持以及美国强劲实力、军产复合体的自我生产又是起到了多关键的作用！想至此，棘手的朝鲜半岛所处的世界性位置便一目了然了。朝鲜半岛可以说是世界性层次上霸权统治体系的"核心现场"，在克服分断体制的过程中，如果可以引起美国霸权主义出现裂痕，确保超越美国标准的空间的话，（虽然他自己不能从资本主义世界体系中挣脱出来）那么可以确定的是朝鲜半岛将是世界长远变革的催化剂。

如此一来，我们应该考察一下，当满足了朝鲜半岛复合国家这个必要条件的时候，随之形成"东亚固有的地区连带"对现阶段全球范围内长期维持的新自由主义时代究竟有何影响。与此相关，笔者曾在之前的拙文中引用过柳在建的观点，"在美国、欧洲、东亚这三种世界地缘政治运作的世界当中，东亚虽然还处在流动性的状态"，不过"在某种替代性质的共同体正式形成的时候，其引起世界体系变化的潜在力之大将超过我们的想象力。"[1] 对此

第399页。此外，木宫正史认为，分断体制"不仅局限于朝鲜半岛，还包括日本，这至少在东亚地区是成立的"。参看：《分断体制论和韩日公民社会》，《创作与批评》，冬季刊，2009年，第414页。

[1] 例如，笔者对日本学者寺岛实郎的访谈：《认识世界的力量，东亚共同体的道路》，《创作与批评》，夏季刊，2010年。

我们还要更深入地讨论，这里还要补充说明的一点是我们正处在东亚崛起、"互动性的地域主义抬头、全球性权力重构"这个从未出现的历史阶段，因此我们不得不具备这种时代意识。[1]

不仅如此，要使克服已经渗透到我们生活中的新自由主义的长期展望有说服力的话，还需要一种文明论的视角，在形成文明视角的过程中自然要活用东亚的文明财产。但至今为止所发掘的文化仅仅是小国主义程度的文明。

笔者曾论述过复合国家论具有"小国主义与亲和性"的特征，小国主义的遗产曾经在韩国、日本还有中国也曾出现过，后来偃旗息鼓。[2] 崔元植将这种构想联系到"将小国主义嫁接到中型国家论"上，提出通过小国主义"冷静认识我们中间的大国主义，盘点能够制约大国主义的实践性思维的框架"。[3] 对此，白乐晴也曾经将其命名为一种"生命持续性的发展（life-sustaining development）"，即"无论何时都把维持生命并激扬生命当作最基本的任务，在此基础上寻找发展的可能性"[4]，这是一种对策性的文明观，换句话说，是和抽象的"近代适应和近代克服的双重课题"相应的文明观。

毋庸置疑，这种文明观今后需要丰富完善，届时将结合东亚文明的财产和现实经验中的资源，创造出一个更为果敢更为有创意的文明观，无论其出自哪一个国家都应该在东亚作为共同的财

---

[1] 参看柳在建：《作为历史性试验的 615 时代》，《创作与批评》春季刊，2006 年。
[2] 白永瑞：《东亚的回归》，第 24—31 页。
[3] 崔元植：《大国和小国的相互进化》，《帝国之后的东亚》，第 29 页。
[4] 白乐晴：《近代韩国的双重课题和绿色论坛》，李南周编：《双重课题论：近代适应和近代克服的双重课题》，创作与批评出版社，2009 年，第 195 页。

产被活用。

当我带着这一观点环视周围的时候，日本和中国对长期课题的各种论述便自然映入眼帘。在讨论日本大战略的时候，姜尚中曾经质疑，日本是要依靠美日同盟牵制中国，在随之出现的美日中三角结构中占据大国地位呢？还是要丢掉"大国主义"，作为"非霸权中位国家"在与邻国的多元分散性安保体系和繁荣的关系网体系中起带头作用？而与该问题相关，国内应该建立何种秩序？[1]而中国为了重编美国主导的世界秩序也在寻求思想资源，从而将中国特有的社会主义经验作为普遍性的价值，正在探索被称为"背景共识"的中国模式。这一举措以儒家或道家等传统思想为基础，具有挑战西方近代文明、探索对策的意义。但日本由于现在的菅直人内阁却远离了更替政权初期强调过的东亚概念（这并非姜尚中追求的路线），似乎走上了大国的道路。在中国，中国模式也仍旧需要在国家主导的改革中才能得到推进，况且其模式还在论证过程之中。它最终是否能作为对策性模式成为东亚的共同财产，还需要在东亚的语境中进行实事求是的探索。

无须赘述，关键是现实中是否有实现这些长期目标的中短期战略。特别是如果漏掉了连接长期和短期课题的复合国家这个媒介的话，就十分容易陷入抽象化与观念化的泥潭中，对此我们应该十分警惕。

---

[1] 姜尚中：《通往亚洲之日本的路》，武者小路公秀外编：《新日本之形象：外交、内政、文明战略》，藤原书店，2002年，第163页。

五、复合国家这一媒介和现场的网络

朝鲜半岛上通过克服分断体制的运动实现的南北国家联合形态的复合国家，在东亚其他地方通过"既往国家的解体，建立一种开放的亲民化的国家机构"而实现各自的形态。并且，于东亚人各自形成的国民国家特征相对应的，在克服国家主义的国家改革短期课题的各国现场，获得了实现中期课题的动力。

这里想介绍两个现场实况，这两种情况都是通过交流来解决国境线造成的对立，是一种转换国境和领土问题思维的方式。

一个是朝鲜半岛西海的和平协力特别地带。众所周知，北方界线（NLL）是联合国于 1953 年 8 月 30 日防止海军实力强悍的韩国北进而单方面划定的，进入 20 世纪 70 年代，朝鲜不予以承认，但韩国却将其作为进行实际管理的根据而当成边境线，在海上划定了不是边境线的边境线。2007 年 10 月 4 日第二次南北首脑会谈中南北双方共同发表了西海和平协力特别地带的草案。这是一个非常有创意的提法，通过共同促进在西海的合作消掉北方界线。但不幸的是，由于李明博政府后来强硬的对北政策，这个草案最终不了了之。

另一个是冲绳和台湾一部分城市之间协商的观光经济圈。2009 年 4 月 15 日台湾东部的三个县（花莲、宜兰、台东）和冲绳周边的岛屿（八重山的石垣市、竹富町、与那国町）的行政负责人签署了《观光经济圈国境交流促进共同宣言》。现在因为出入境管理问题还没有实行，但这两个问题得以解决的话，就会形成一个非国家城市共同体。

上面两个实例都是和政府开发项目结合在一起的，无疑，要实现西海和平合作特别地带需要克服分断体制。另外，就像冲绳知名学者新琦盛辉在金门的会议上展望的那样，要想顺利地落实"观光经济圈"的具体方案，必须加强其"核心现场"冲绳的自治权，自然会引发日本国家的改造，更甚者会对其背后的美日同盟产生很大影响（这肯定和民主党政府的立场对立，民主党政府于2010年12月发布了将冲绳和其周边岛屿作为军事基地、以此牵制中国的新防卫大纲）。

　　实例仅限于此二者吗？尽管半岛上南北双方冲突不断，可朝鲜仍然在推进开城工业园，中国两岸交流的桥头堡——金门的"小三通（通信、通商、通航）"等实例，不也同样说明问题吗？虽然层次不同，但这些交流或大或小地在东亚展开着，跨越国境紧密联系着，如果都付诸计划，那么新的地域共同体将更加坚实。

　　当然每个近代国家形成的里程不同，所以不管是东亚论述还是连带运动都不能等同而论。所以我们更应该理解在各自的语境中奋斗的主体们所经历的"困惑""与自我的斗争"[1]，或者对"受害者"同时又是"加害者"的醒悟[2]，不断省察自身，最终才能形成真正的连带。这便是真正的东亚共同体的基础。

（原载《创作与批评》2011年春季刊）

---

[1]　这个表述是钱理群的说法，参看：《中国国内问题的冷战背景》，《创作与批评》春季刊，2011；同样，贺照田也重视"对亚洲地区内部困惑和苦恼的理解"是面向未来的主体性基础。参看：贺照田：《中国革命和东亚论述》，《亚太研究》135号，2009年，二人都反映了大国化过程里中国"独立性批判知识分子"的位置。

[2]　冲绳人是"受害者"，同时在反对美军基地运动中"不要成为加害者"的觉悟中获得动力。对此的论述可参看前面提到的孙歌的文章。

东亚与人文情怀

赵东一

东亚口传叙事诗的价值

弄清楚东亚口传叙事诗的形成和变迁过程，是重新理解世界文学形势这项研究的一个典范。通过这个研究，可以同时达到三个目标，即：克服世界文学史理解中的欧洲文明圈中心主义；确认东亚文学的同一性；正当认识比民族国家小的集体的真实文学状况。

近来，东亚口传叙事诗成为韩国学术界共同关心的事。[1] 其旨在扩大对韩国叙事巫歌的研究，并通过与邻民族的事例进行比较来把握其地位和特征。本文所做的工作也是其中的一类，意在将口传叙事诗形成变迁的历史阐释为巨大规模化的历史，以纠正对世界文学的理解。

关于东亚何处存在口传叙事诗的疑问，不过是对我们周围所

---

[1] 1996 年 6 月 7 日，在高丽大学韩国学研究所举办了名为 "东亚口传叙事诗 I：说唱的世界" 的学术会议，在研究所编撰的《韩国学研究》(8)(1996)一书中，收录了当时徐大锡发表的《口传叙事诗人的作诗战略》、李万鹏发表的《韩国的盘骚俚和中国的大鼓书》等有关中国说唱的论文和诗篇。1996 年 9 月 17 日至 19 日，在京畿大学举办的以 "韩国学和生活文化" 为主题的学术会议中，徐大锡发表了《东北亚巫歌的比较研究》、金宪善发表了《东北亚巫俗叙事诗比较研究》。

存资料的无知坦言而已。出现这种说法，是因为某些研究文学、撰写文学史的人无法摒除对叙事诗的错误认识，一味遵从欧洲文明圈中心主义，这种情况不仅存在于韩国和日本，在中国也有。因为不受重视的地方民众或少数民族担当了口传叙事诗的主要角色。

只有改正知识分子轻视民众的错误观念，改正对东亚文明圈内部或东亚各国内部的优劣划分这一错误见解，才能斥责关于欧洲文明圈和东亚文明圈优劣划分的错误。在阿拉伯世界和非洲地区，也存在轻视下层民众传承的本土叙事诗、跟随欧洲文明圈的老习惯去理解文学史的过失。因此，更正叙事诗的理论是一个世界性的课题。

纵观东亚的资料，叙事诗分为三个阶段展开：（1）诉说神灵和人类的关系、阐述世界形成来源的信仰叙事诗或创世叙事诗；（2）介绍英雄领袖与其他民族做斗争、建国来源的英雄叙事诗或建国叙事诗；（3）以普通人物为主人公，讲述其日常关心之事的平民叙事诗或生活叙事诗。这三者具有既连续又跳跃的关系。

（1）是原始叙事诗，（2）是古代叙事诗，（3）是中世纪叙事诗，通过叙事诗的历史可以使人们了解文学史展开的大致局面。不论是在哪个文明圈，抑或是哪个民族，原则上都具备（1）（2）（3），但在相应的历史条件下就会产生不同变化，这是一个基本的假设。是否果真如此呢？正当的顺序应为，以东亚为例具体考察什么是导致叙事诗出现偏差的历史条件，并将这一问题推演到其他文明圈，这才是恰当的程序。

将东亚各民族存在（1）（2）（3）的情况进行整理，就能够发现它们有相当大的差别。明显具有（1）（2）（3）的民族，有阿依努人、韩国人尤其是韩国的济州岛人和中国的云南民族群。[1] 在云南民族群中，彝族和纳西族的事例尤为明显。具备（1）（2）的民族有琉球人和满族；因格外扩展并尊崇（2）而成就巨篇的民族有蒙古人和西藏人；虽然欠佳但依然在某种程度上加以继承（2）（3），并用记录文学进行传承的民族有汉族和日本人。

如上所述，其异同点如何产生，具有何种意义就成了从现在开始应该探讨的课题。要探讨这个问题，最好逐渐积累提出并考证具有可能性的推论这项工作，同时尝试循序渐进的解决方式。要做到这一点，还应该在一个层面上完成重新整理世界文学史理论的工作，并将这项工作与其他层面的工作有机地贯穿。

（1）分为信仰叙事诗和创世叙事诗。任何地方都有信仰叙事诗。信仰行为通常以教述诗的形式出现，而非叙事诗，并且，其中只有一部分能称得上叙事诗。这种叙事诗包含三方面内容：（a）祈求神灵的庇佑；（b）称颂神灵、讲述神灵的由来；（c）神灵讲述自己的故事。只具有（a）属于教述诗，有（b）是叙事诗，有（c）则既是教述诗又是叙事诗。

很明显，（a）表现为满族，（b）是韩国人，（c）则是阿伊努人。这种差别可能是因巫术的形态各异而产生。阿伊努人把许多动物当作神灵，并把巫师充当神灵来解释自身来历的这种巫术发

---

[1] 本文中，把中国的"西南少数民族"称谓改称为"云南民族群"。所谓的"西南"是以汉族聚居地为中心的称谓，而"少数民族"的人口比汉族更少。"云南省的众多民族"缩略成"云南民族群"。

扬光大，从而使（c）的形态更加清晰。如果把这种巫术得以发扬的原因解释成是因为狩猎在生计中占相当大的比重，并且又有很多可供打猎的动物，就能够找到更加原初性的理由。在诸多被狩猎的动物中，熊尤为重要，因此熊神解释自身来历的叙事诗显得格外突出。

阿伊努叙事诗是世界文学的原初形态——原始叙事诗——迄今为止没有受到损坏，并流传下来的重要文化遗产。通过运用文学的表达方式，将人们与周围的不同生命体或自然环境建立良好关系、并与之相依相存的智慧，当作模范事例来进行高度评价，是合乎情理的。用其他兽类代替熊出现，或者相对更加重视与被当作农作物的植物之间关系的其他各地的相似资料而言，原型保存状态不仅优良，而且要表现的东西更加鲜明，作为世界文学史的第一证言资料，在世界各地都应该被重视。

与阿伊努叙事诗中神灵即兽类不同，满族叙事诗中巫师的大半多以军神出现。产生这种变化，可能是由于比起与自然相关联去维持生计来说，相互对立的集团进行斗争成为更重要的事。满族叙事诗是说明原始叙事诗和其他古代叙事诗如何兴起的一种资料，遍布于世界各地，具有简洁、鲜明的特征。在其他地方通过大篇幅展开的古代英雄叙事诗在满族叙事诗中只表现为最起码的条件，我们有必要从多个角度考察其原因。

韩国的神灵被人格化，而且狩猎、农耕、战斗也一并受到重视。济州岛的堂本解 [1] 中出现的神灵的外貌多种多样。并且，值

---

[1] 堂本解，济州岛的一种巫歌，民间口传文学的一种文艺形式。——译者注

得注意的是涉及夫妻关系中男女神灵之间纠葛的歌谣繁多。《西归浦本乡堂本解》中捕捉野兽的人以狩猎神的形式出现，抛弃妻子，另择小妾，引起波澜。表现狩猎神和农神结为夫妇、相互争吵分离的歌谣在济州岛各地都有发现。

介绍世界起源的创世叙事诗[1]在韩国和云南民族群这两个地方广泛多样地传承着，这一点让人疑惑。应该说原始社会各自复杂的组建，进行了高水平的思考，这些都为创世叙事诗做了准备，但很难因为这个原因就说所有的地方都如此。这些创世叙事诗显示了叙述关于土地、人类、水和火、狩猎、农事等本源内容的细节一致点，从而更加被关注。韩国的创世叙事诗即使被过多掺杂了中世纪的要素，依然可以认证其原貌。

韩国本土的创世叙事诗和济州岛的没有什么区别，但英雄叙事诗是由济州岛特有的形态组成。承接狩猎神和农神结为夫妇互相争吵与分别这点，详细地展开夫妻生下儿子这一代的故事。因此，可以使大家认证以古代叙事诗的形式传承的原始叙事诗被重新创作的过程。歌颂掌控古代权力的英雄的诞生、苦难、成长也成为新的关心事。

济州岛的英雄叙事诗，其独特之处在于从想象出发，抽象地描写与外地之间的斗争。阿伊努叙事诗却不相同。阿伊努叙事诗中，与神灵故事"神谣"不同叙述人类故事的"英雄叙事诗"，在日语里被称为"英雄词曲"，这种叙事诗被长篇传承，并精彩地刻画了肩负与其他民族之间斗争的陌生英雄的活动。

---

[1] 金宪善的《韩国的创世神话》（路友出版社，1994 年）一书中列举了丰富的资料详尽地考察了韩国的创世叙事诗。

讲述云南民族群相互斗争历史的英雄叙事诗很多。彝族的《铜鼓王》就是其中的优秀范本，[1] 它称颂了创造神奇的铜鼓、光耀本民族的铜鼓王。这篇作品歌颂了与周围敌对势力尤其是南诏国对抗战斗，守护民族生活，使优秀的民族传统得以传承至今的大王。诸如纳西族的《黑白之战》、侗族的《祖公之歌》之类的英雄叙事诗也把民族之间的斗争置于重要的地位。

我们往往在世界各地都能看到将经历英雄般考验和抗争的统治者称颂为本民族伟大先祖的叙事诗，并且具体的英雄事迹也差别不大。这种认为只有本民族的英雄最伟大的思维方式，是古代自我中心主义的思考方式。古代时期，不论在哪里有此想法都理所当然，但是将这种想法沿袭至今，用以划分英雄的优劣便是时代错误的表现。

而有学者依靠中世纪普遍主义将已经被否定的古代自我中心主义思考方式重新复兴，并将其作为近代民族主义展开的跳板，这种主张就算在历史的某一层面上具有一定意义，现在也应该从中脱离出来。应该正确认识民族英雄称颂的普遍意义。不论在何处，经过拥戴本民族英雄的古代时期之后，英雄是为了被迫害民族的觉醒而非强国的自夸而得到称颂，也只有在这种情况下，它才值得起积极评价的作用。

---

[1] 可以使用中文译本《铜鼓王，彝族英雄史诗》（云南人民出版社，1991 年）。前面所举的《西归浦本乡堂本释义》篇幅不长，无法发成单行本。《铜鼓王》以单行本出版了。但是二者都用"「 」"这个符号括起，因此没有互相区别。因此有必要不拘泥于篇幅长短，把二者置于同等地位展开作品评论。并且，目前也没有必要考虑论述的叙事诗的所有作品是否是单行本，因此选取了类似的方法。

中世纪时期，受压迫、落后群体继续拥戴本民族曾经膜拜的古代英雄，这是理所当然的。不用再说，阿伊努民族和满族迄今为止依然传承英雄叙事诗的原因就在于此。在韩国，虽然本土的英雄叙事诗渐渐消失，只保留记录了故事梗概，承接"英雄一生"的叙事巫歌也只有一部分，但济州岛的英雄叙事诗在逐渐减少甚至被忘却的过程中传承了堂本解，这是因为在中世纪国家成立的过程中，对于济州岛被疏远和受压迫地方起反抗和补偿的功能。被称为"琉歌"的琉球叙事诗用崇尚中世纪的国王代替古代的英雄进行描写，这似乎与民族英雄称颂的一般状况相违背。因此，其意义也值得疑惑。但琉球一方面因受到日本干涉而丧失一半的主权状况，另一方面用中世纪叙事诗重新创作并活用了古代叙事诗。在艰难维持着的琉球王国，制作收集"琉歌"并编辑《琉歌集》的歌本，[1]继续做歌颂"琉歌"的神祭不失为一种恰当的对策。

中世纪，平民叙事诗是被重新创作的叙事诗的常见形态。但在琉球，所谓的平民叙事诗没有被发现。"琉歌"里也没有这种叙事诗，其他途径的传承也没有被搜集整理。之所以如此，可能是为了掐断叙事诗发展的自然趋势，以固定中世纪王朝叙事诗。类似隶属琉球列岛的小岛——宫古岛这样的地方，口传的叙事诗不尽相同，在这里，原始叙事诗、古代叙事诗和中世纪叙事诗相

---

[1]　1532年编撰了《琉歌集》第一册。1609年，在受到日本入侵后，分别在1613年、1623年编撰了第2册、第3册以及之后的各册。总共有二十二册，其中收录的歌谣有一千五百五十四篇，去掉其中重复的资料的话有一千二百四十八篇。将口传的资料进行整理并使之固定化，并使用了在琉球所引用的日本文字"假名"进行记录。

承接,中世纪叙事诗被平民叙事诗所更替的状况已经得到证实。[1]
琉球和宫古岛也就具有既先进又落后的关系。

韩国的平民叙事诗可以说非常丰富,济州岛的创作成果尤其值得瞩目。济州岛的堂本解和其他一般的堂本释义是进入到中世纪之后重新创作出的平民叙事诗。在任何地方,涉及平民叙事诗最重要的主题——爱情纠葛的方法都很精妙。其中,《世经本解》极具代表性,这篇作品中长篇曲折复杂地展开了一个名叫自请妃的少女与下凡的文少爷之间悲欢离合的故事。

阿伊努的"英雄叙事诗"中,《妇女词曲》也是爱情叙事诗。在这篇作品中,我们可以看到女性之间展开的超越生死的爱情战争。云南民族群也创作出了丰富的爱情叙事诗。在云南民族群中广为流传的《梁山伯与祝英台》就是其中优秀的范本。歌谣中,今生无法实现的爱情即使到了阴间也要实现的故事情节,在任何地方都能打动人心,并且,这首歌谣传入韩国,成为韩国小说、叙事民谣的素材。

但是,在中世纪走向近代的时期,济州岛的创作逐渐萧条。反而全罗道发展了平民叙事诗,创作出了"盘骚俚"。"盘骚俚"不是边跳大神边吟唱的巫师叙事诗,而是个人表演的民间艺人叙事诗,具有反映中世纪走向近代的执行期过程中民众意识成长的意义。虽然这种叙事诗大轴戏在其他许多地方也广为发现,但韩国的"盘骚俚"在反映现实和社会意识、艺术的精练和大众人气等方面占有特殊的地位。

---

[1] 外间守善等:《南岛歌谣大成 3:宫古岛》(角川书店,1978 年)一书中做了报告。

云南民族群在英雄叙事诗中只涉及与邻民族的斗争，不涉及与汉族的斗争。阿伊努的"英雄叙事诗"只歌颂与从北部侵入的鄂霍次克民族之间的斗争，不讲述与日本人的斗争。古代展开的与邻民族间的战争通常在古代英雄叙事诗中被涉及，宣传从那些战争中取胜也是古代英雄叙事诗的重要职能。但是，中国人和日本人的入侵遇到了中世纪对古代的进攻。对于中世纪的挑战，很难用英雄叙事诗来应对。

不论是阿伊努人还是云南民族群，不仅无法自身实现中世纪化，而且也无法发挥用中世纪英雄叙事诗来重新创作古代英雄叙事诗的应对能力。但在中世纪以后的时期，他们又把古代英雄叙事诗当作证明民族自尊心的根据来珍藏。而所谓中世纪的英雄叙事诗，也只是使其与历史的经历保持距离，以平民叙事诗、爱情叙事诗的形式进行创作。

为了巧妙地克服从外部涌入的中世纪的挑战，就应该自行实现主体性的中世纪化，但是济州岛的民众却没有实现这一转换。在济州岛无法用中世纪英雄叙事诗取代古代英雄叙事诗，作出《东明王篇》《龙飞御天歌》等诗歌。之所以如此，不仅是因为济州岛没有独自的中世纪王国，而且也无法形成把济州岛主体性体现当成自身使命的中世纪文人阶层。

直到共同书面语的应用固定化之后才完成了中世纪化。只有周围其他民族接受文明圈中心创制的共同书面语，并将其运用到弘扬本民族历史上，同时拿出与古代英雄叙事诗不同的新的创造物，才能取得中世纪史上的主体性发展。记录国家伟业的金石文就在这方面起着重要的作用。

高句丽414年竖立的"广开土大王陵碑"，以及在771年制造的"圣德大王神钟铭"是其中优秀的样本。此外，日本、云南和琉球地区也各自做了类似的工作。日本在 596 年竖立了"伊豫国汤冈侧碑"，云南地区南诏国在 596 年建立了"德化碑"，琉球比前者更晚，在 1458 年建立了"万国津梁钟铭"。就这样，一齐开启了区别于古代叙事诗时代的中世纪共同书面语文学的时代。

我们有必要注意南诏国和琉球加入队列这件事。但阿伊努人却无法如此，济州岛人和满族人也自不必说。阿伊努人连建立古代国家的工作都无法完成，从而陷入落后、被淘汰、受压迫的身世中。济州岛的耽罗国在出现金石文以前，曾在某个时期是一个古代国家，但还没进入中世纪就已经灭亡。满族人还无法精心地治理本民族的国家，就匆忙地建立起统治多个民族的帝国，因此没能夯实中世纪化的内在性，还面临了民族灭亡的危机。

"广开土大王陵碑"的开头，记录了朱蒙建国的来历，故而使体现国家伟业的金石文与建国叙事诗一脉相承。在中世纪文学中，创作出《东明王篇》《龙飞御天歌》，重新记录英雄叙事诗也是件特别的事。南诏国的"德化碑"上没有传承古代叙事诗，仅致力于阐述中世纪的统治理念。琉球国的"万国津梁钟铭"则以琉球介于韩国、日本、中国之间，与这三个国家形成紧密的联系，同时在东亚中世纪文化的理想体现上所起的模范作用而自负。这里体现的中世纪普遍意义意识和"琉歌"中体现的琉球中心主义有着相当大的距离，并具有表里关系。

从古汉语文化圈脱离出来的东亚其他地区，更容易独自形成中世纪化。以蒙古和西藏为例，中世纪王国的叙事诗本身发展了古代叙事诗，并使神话和历史相连。在蒙古，一方面以叙事诗为根据著述了《蒙古秘史》这本史书，另一方面继续传承并重新创作了关于《江格尔》等民族史的口传叙事诗。西藏的《格萨尔王》则具备可称得上民族史百科词典的内容。

西藏接受梵文，将其作为共同书面语，并把本民族语言——藏语升级为佛教经典语和共同书面语，蒙古也采用了这个方法。因此，在叙事诗的传承和创作上，口传和记录都被应用。与蒙古族的叙事诗多方面深层次关联的土耳其叙事诗基本上分布在整个亚洲内陆地区，其作品也更加丰富。并且，在这里口传和记录的相互作用被反复强调并赋予了创造力。

以叙事诗的有无、多少来划分民族的优劣是非常错误的见解。在世界任何地方，口传叙事诗都是共同的文学分支，因此，对考察世界文学史的一般状况非常有益。并不是说政治或经济强国就拥有更加丰富、更加自豪的口传叙事诗，事实正好相反。本文所做的就是列举丰富的资料来具体例证这一点。

近代以前，在中世纪时期就已步入历史发展的前列、入侵并统治其他民族的强国往往丢失了其口传叙事诗，正因为如此遭受迫害的一方则将其珍藏。所以，口传叙事诗几乎是唯一能够例证胜利的反面是失败、失败的反面是胜利的证据。从济州岛到东亚，在盘点世界上所有叙事诗这一漫长的道路上，可以发现并证实这一事实，笔者可以肯定这一点。

在历史的漫长进程中，许多惨遭失败和压迫的世界各地民族守护并重新创作了口传叙事诗，并确认了民族的同一性，培养了民族自豪感。所谓的被称作少数民族的第四世界民族，在这方面就比第一世界或第二世界的民族、当然也比第三世界的民族更加自豪。口传叙事诗在体现处于受轻视地位的地方民众的自我精神世界上起着重要的作用。

通过口传叙事诗，最能清楚地证明在某个地区生活的某个群体，无论是哪一个民族都是相互平等的，并且在文化创造上各自起着重要的作用。很多民族通过自我创作，在表现本民族生活的口传叙事诗的变迁史上有着明显的共同点，为实现世界文学史的时代划分提供决定性的依据。不论在何处，叙事诗都是由原始叙事诗、古代叙事诗、中世纪叙事诗演变而来，期待关于其具体状况的细节一致能够得到广泛认证。从而能够在那里找到根据，以解决关于原始、古代、中世纪分别是什么时期这个问题的漫长争论。

到目前为止，通过继续类似工作整理出的世界文学史理论，成为促使人们能够重新理解文学、美术、音乐的历史的框架；同时也是不局限于艺术史领域，重新理解世界史的历史哲学。世界文学史上迄今为止尚未明确意识到的这一部分，如今到了将其表面化、逻辑化的时候了。笔者在搜集整理世界文学史理论的工作中，为承担这一课题做了多方面的努力，因此在这里展示了既得成果的一部分。

东亚的口传叙事诗在实事求是地理解世界叙事诗、有据可依地叙述世界文学史等方面是不可或缺的重要资料。通过对分类考察东亚口传叙事诗的状况，我们能够在阐述各民族的遗产有何异同之处、异同之处的理由和在这些工作中取得成果，这个成果作为超越口传叙事诗的范畴、重新对世界文学史进行概括性理解的理论，期待其具有重大意义。

目前对于东亚口传叙事诗的资料调查不足，研究也不够活跃，且没有被广泛传播。东亚各国之间的学术交流也不畅通，各国各自取得的研究成果没有很好地传播到其他国家，没有尝试比较研究。欧洲文明圈中对世界叙事诗进行论述时多少遗漏了东亚口传叙事诗中重要的资料。[1] 只有用心找出世界文学的重要遗产，并进行正当的评价，才能不断纠正对世界文学史的偏见，笔者一定会为此作出努力。

现今，在欧洲文明圈中，没有重复只有古希腊叙事诗才是叙事诗的主张。但这并没能让更多民族作品步入世界叙事诗的行列，只是把分析自身所持资料的表现形式当成特别重要的事。[2] 我们

---

[1] 费利克斯·J. 奥伊纳斯主编，《英雄史诗和传奇——关于世界最伟大民间史诗的介绍》（ Herotic Epic and Saga, an Introduction to the World's Great Folk Epics ）（印第安纳大学出版社，1978 ）一书中虽然说——涉及了世界的叙事诗，但也仅仅是吸收了欧洲文明圈之外的印度、伊朗、土耳其民族群以及非洲地区的叙事诗，东亚的叙事诗全部被排除在外。菲律宾、夏威夷、玛雅地区的叙事诗也被忽视，本文中将其作为重要的资料。近来出现的 Guida M. Jackson, Encyclopedia of Traditional Epics（ Santa Babama: ABC-Clio, 1994 ）这本书总体概括了世界叙事诗，但是东亚的叙事诗依然大部分被遗漏。韩国的叙事诗整个被遗漏，只有《檀君》《三国史记和三国遗事》这两部分。完全没有关于云南民族群叙事诗的部分。这两种现象的出现，可以理解为是资料没有被传播造成的。满族的《萨满故事》（니산샤만이야기）虽然属于这一领域依然被遗漏。菲律宾叙事诗的调查报告和研究成果全部都用英文书写，完全看不懂，所以这里先不讨论。

[2] 自从 A. B. 洛德，《故事的传唱者》（ The Singer of Tales ）（ Atheneum, 1970 年 ）一书分析塞尔维亚 – 克罗地亚叙事诗的公式句以来，这种研究方法开始流行。肯尼斯·A. 戈德曼，《塞尔维亚 – 克罗地亚口传叙事诗的公式分析，Aduo Audic 的歌谣》（ Formulaic Analysis of Serbo-Croatian Oral Epics, Songs of Aduo Audic ）（ Garland，1990 年 ）；劳拉·戈登·菲舍尔，《卡拉季奇后一世纪来自黑塞哥维那的马尔科歌谣》（ Marko Songs from Hercegovina, a Century after Karadzic ）（ 纽约：Garland，1990 ）；约翰·科尔斯蒂，《双语传唱者：关于阿尔巴尼亚和塞尔维亚 – 克罗地亚地区口传叙事诗传统的研究》（ The Bilingual Singer, a Study in Albanian and Serbo-Croatian Oral Epic Traditions ）

应该担负起——考察叙事诗、为世界文学史叙述的准备，如今便是这种新构思的时代。

我们也可以从其他地区的叙事诗资料出发，进行类似本文所做的工作。用多数事例仔细观察局限于本文列举的一两个事例的其他地区的叙事诗，可以得到更加清楚的结果。其中，关于内陆亚洲叙事诗的细节研究是一个重要的课题。近来，非洲叙事诗被大量发现和调查，值得把这当成纠正世界叙事诗历史这项工作的新起点。可以从美洲大陆地区原住民的叙事诗着手进行研究。

笔者一力承当这份工作未免太吃力，而且也无法理解世界各地的口传叙事诗原本，而利用翻译本又无法脱离局限性，但是笔者不会就此却步，殷切地希望其他各地为正确认识世界而奋斗的学者，展示与笔者所做工作相呼应的研究成果。期待通过这种方式能够找出并纠正笔者研究的偏向性。

仅凭一己之力无法编写出整个世界文学史、当然也包括世界叙事诗的历史，即使倾注一个国家所有的力量也不可能做到。这个工作是我在整理世界文学史理论、使讨论得以提交这件事上所

（Garland，1990）；玛格丽特·H.贝辛格，《劳特的艺术：罗马尼亚的叙事诗传统》（*The Art of the Lauter, the Epic Tradition of Romania*）（Garland，1990年）这些论文相继出现。约翰·迈尔·斯福利，《传统的口传叙事诗——奥德赛、裴欧沃夫和塞尔维亚–克罗地亚的回归歌谣》（*Traditional Oral Epic, the Odyssey, Beowulf, and the Serbo-Croatian Return Song*）（加利福尼亚大学出版社，1990年）一书中仅用三个对象分析欧洲文明圈叙事诗的表现形式，就套用一个可以涵盖所有"传统叙事诗"的题目。本文承担了阐述欧洲文明圈叙事诗中使用公式句的情况，从而纠正研究对象和研究方法二者片面性的工作。

能做到的最大的工作，这项工作相当于在类似联合国教科文组织
的国际机构开发人类智慧时所需要的第一个基本蓝图。

（节选自作者专著《东亚口传叙事诗的状况与变迁》，

文学与知性出版社，1997年，绪论）

林荧泽

小说中现代语文的实现途径

——从东亚普遍语言到民族语言的滑行

一

回溯而知，事实上在所谓东亚现代转变的历史现象中，没有任何一个领域比语文 [1] 更具有标志性。东亚地区的现代转换本身就是全球历史运动的一个重要环节，它推动、主导整个文化制度的变换，与其相应发生变化的是语文所表现的人的行为。语文之所以是这样一种成果，可以说是因为当地的民族国家将自身的语文定位为"现代人"的自我表现形式。

但是，何为现代语文？在以说话和写作为表现形态的人的行为中，我们在言及现代语文时会赋予其哪种特征？对于这个问题，我作为一个非专业人士只能浅显地回答一些常识性的问题，下面略抒三点浅见：

1）有关"现代主体"的自我表现形式。我们在说"现代主

---

[1] "语文"一词是对原文汉字词的直译。据《现代汉语词典》解释，语文的意思为"1.语言和文字；2.语言和文学"。而译者从下文内容中判断本文中的"语文"一词并含了这两种意思，故采用了直译手法。——译者注

体"的时候，一般分为大小两个层次，即民族和个体。就大的层次而言，民族的主体性觉醒在渴望国民国家政治制度的同时，重视自己固有的语言和文字。这里会出现一种以曾被视为方言、俚语或者谚字的语言或文字移动为中心的现象，从而，它们也会被称为"国语""国文"。跟民族相比，尽管个人是极小的单位，但树立"现代主体"的每一个自我都是创造性的主体。新文学正是为了表现自我的内在含义而产生的，而新学问是在此基础上随着自我意识和知识的扩充而成长起来的。正是因此，出现了现代形态的文学创作和论述性的写作。

2）报纸杂志等大众媒体的出现和商业出版的新兴与现代语文的形成有直接关系。在进入现代以前，朝报起到传达"消息"的作用，存在一个严格的"舆论"或者"言路"概念。但是，朝报仅限于公告一些芝麻小官的人事变动信息而已，尽管被称作言论，但实际上则是官吏向最高权力者的汇报而已。它并不具有大众媒体的意义和效用。早在 20 世纪初，曾认识到积极利用大众媒体的先觉者梁启超曾经说过，"自报章兴，吾国之文体，为之一变"（《清议报》，1901 年）。他指出报纸杂志对写作方式造成了一定的影响。众所周知，东亚地区的出版文化渊源已久。对于东亚地区的商业出版，尽管各国情况有所不同，但都有了不同程度的发展。随着西方高效印刷技术的引进、大众对新知识需求的扩大，出版业以迅猛的势头活跃发展起来。在这个过程中，引入了版权这个概念。由此，值得关注的是人们认识到了知识产品所有权。现代形态的报纸以及杂志商业出版在即刻成为现代语文的背景的同时，也成了现代语文的场域。

3）有关脱离普遍的文言形式，采取国民（民族的）言文一致的问题。众所周知，在进入现代之前汉字曾是东亚圈的通用文字。东亚的民族国家脱离以汉字为基础的、普遍的、古典的文言体系的方式并不相同。因为在现代以前，各国的条件各有不同，且进入现代后所处的状况也各有所异。在汉字的发源地中国，现代语文表现为白话文运动。在口语中使用本国语言而文书语通用汉字的韩国，表现为语文一致的国文运动。由于汉字独占了语文的中心位置，韩文总是被置于周边的位置上，所以现代语文意味着韩文的主权恢复。而在日本，合用本国的语言、文字以及汉字，从这一点上来看，与韩国相同。但具体来看，就会发现日语并非像韩国那样普及通用汉字。即便是在进入现代之前，日本国文在他们的文字生活中所占的比例也远远高于韩国。因而，日本的现代语文中，并没有明显的"国文主权恢复"性标志，在现代语文中，汉字的存在也发生了变化。总体而言，东亚的汉字文化圈可以看作伴随现代开端而解体的。但尽管如此，汉字仍是东亚现代语文中应该解决的一个课题，并且我们也很难说汉字在东亚已经丧失了其活用的价值。

所谓"东亚语文的形成"这个主题似乎是第一次提起。而较其意义之重大，确实不无感慨。尽管东亚视角是最近才开始发现的，但我们犹如水中之鱼却无视水一般，从未对日常中的语文进行反思。这个主题也着实艰难。尽管资料浩如烟海，但认识的视角是个难题，且将其理论化更是难中之难。

现在我站在提问的立场上，将分析的对象设定为小说。尽管论证微薄，但愿作抛砖引玉之用。众所周知，小说是在现代智慧下，从边缘移到中心的文学形式。作为一种现代人的自我表现形式，小说在一般的写作、论述、文学创作当中占有中心地位。思及此，我将题目设定为"小说中现代语文的实现"。本文中将通过考察小说的文体转换，从而阐释东亚普遍文语汉字转换到言文一致的现代语文的过程，并将 19 世纪前后的汉文小说以及 19 世纪 20 年代前后的现代小说作为重点分析对象。由于知识有限，我只能将视野集中于韩国小说史，同时也予以反照中国的情况。在整个分析过程中，重点注意了现代语文的首要特征——"'现代主体'的自我表现方式"这个层面，并将"自我"视为关键语。

二

　　韩国古代小说从表记体系上来看，可以分为汉文小说和国文小说。两者转传了手抄的方式，其中读者需求较多的类别曾以商业出版的形式流通。现代之前的小说存在形态大致便是如此。
　　以小说的形式表现的汉文小说与国文小说并行是整个韩国文学史双重结构的一环。但在整个文学史中可以发现，汉文学和国文学的双重结构在意义上有所不同，在各自的表象上也有所差异。
　　韩国文学史特有的双重结构是随着口语和书面语不一致的矛盾而发生、发展的。将汉字通用于书面语这种历史特殊性，以及文化环境中适用普遍、古典形式的汉文学其实是一种自然现象。但同时，当朝鲜人的歌唱欲望用汉文学的形式来满足的时候，自然而然会受到一些制约，这也是一种自然现象。因此才出现了歌唱文学形式从乡歌到诗调的转变。进入 17 世纪，汉文学主流由歌唱形式的国文学单线传承。之后出现了国文小说（朝鲜语小说）。国文学之所以发生了前所未有的兴起是因为出现了一个新的要因——读者层的需求。随着国文小说的登场，尽管韩国文学史表面的双重结构并无大变，但实际其真正意义却已经发生了巨大的变化。

文学史上维持了一种一般国文学和汉文学共存的稳定体制状态。但是，国文小说和汉文小说的关系发生了一种表记法上的相互作用。这也是随着读者层的需求而出现的现象。当时国文小说的读者层为士大夫女性，即大家闺秀以及夫人等。闺秀每日只能在封闭的闺房里生活，而能为她们增添生活乐趣并提供教养知识的，最合适的莫过于国文小说。当时，它被称作"女史古谈"，笔者在此要提出"闺房小说"这个概念。这种闺房小说也引起了士大夫男性的兴趣，并翻译为汉文。而这种汉文本又受到重视作为原本再次被翻译为国文。同时，原文是汉文的小说随着女性们的要求，被翻译成国文的情况也屡见不鲜。从 17 世纪到 19 世纪，小说的形式从国文本到汉文本、国文本到汉文本再到国文本、汉文本到国文本等表记法上的相互转换，以一种泛滥的活跃作为表象。

这种表象尽管是一种互动性的现象，但在表记法上性的分割构图却依然如故。国文小说跨过闺房的门槛到了客厅，又扩大到市民阶层，在整个过程中小说的数量飞速增加，类型也越来越繁多。但如果问当时这种量的增加是否带来了质的转变的话，我却难以进行肯定性的回答。进入 19 世纪之后，更加突飞猛进的国文小说为了迎合读者们的低俗趣味，出现了明显的通俗化倾向，另外，越写越长的大河小说也随之登场。

17—19 世纪的国文小说预告了文学史知觉的变动。至少从外表来看，可以说它早期实现了现代语文。但正如上面所述一般，国文小说终究处在韩国文学史进入现代之前的双重结构的延长线上，还远远不足以代表当时的文学。与中国相比，汉字是自身语言，这一点同韩国不同，但在书面语文学和口语文学并存的双重结构这一点上，两者又是大同小异的。从"明清小说"起，中国的小说比重就远远高出韩国。尽管如此，在进入20世纪之前中国仍固守着诗文为主的正统文学。直到中国的五四运动，韩国的三一运动[1]才持续了一种结构上的相同性。

本文着眼于和这个主题相关的"野谈—汉文"短篇，特别是19世纪一本称作《绮里丛话》的野谈集。因为近期接触这些资料时，我改变了对野谈的认识。本文还将同早期创造出新文体并引导这一时期文学的朴趾源的尝试进行对比。

所谓野谈是韩国文学史上特有的一种惯用名称。17世纪初的《於于野谈》中出现了首例野谈，到19世纪中叶的《青丘野谈》中便已经具备了野谈的典型特征。即便是在处于20世纪的当今也同样，以"野谈"为题刊行的杂志备受大众青睐。所谓野谈，是指一种"叙事的口述形态"，是不论何地何时都可以实现的。在中国，它等同于俗讲、说话、说书、评书、话本等，在日本与之对应的是讲谈、讲释等题材。19世纪20年代末因为受到日本古代讲谈的现代转化变身"政治讲谈""社会讲谈"的启发，韩国兴起了新野谈运动。

总而言之，"叙事的口述形态"从中世纪起在东亚各国、各种社会文化背景下以各种形式流行、演变至现代。值得注意的

---

[1] 三一运动，又称独立万岁运动。是指起于1919年3月1日，为抵抗日本侵略爆发于朝鲜半岛的民族独立运动，是日本殖民地爆发的规模最大的独立运动。最终于1919年6月失败。——译者注

是，这种口述形态与各国的小说史紧密相关。在中国，如果没有以说话人的活动为前提，无法实现"四大奇书"的伟大成果。如果停留在传奇小说、文言小说的传统之上，明清小说的时代是始终不能展开的。那种创造性的机制首先出于以听众为对象而陈述故事的现场性。在此过程中，市民的生活习气跃然纸上，文体才能达到一种真正的自然逼真效果。以"四大奇书"为首的白话体小说所实现的惊人成果，不仅在中国，乃至在整个东亚汉字文化圈的普遍语文体系中也具有转折性的意义。但同时我们也该注意到，白话体类的边缘性小说所带来的繁荣还不足以带来根本性的变革。特别是明清小说时代的体制权力在发展小说的同时，对野谈实施了大规模的弹压措施。表面名为警戒"淫秽""造反"，但究其本质实为惧怕"书面语秩序"的崩溃。所谓"书面语秩序"是指，如能够固守经学的意识形态、诗文的文化性中心地位的文章。在这种中心部位的顽固状态下，边缘文学所引起的动摇很难使其发生变革。

值得注意的是，朴趾源的新文体是发生在语文秩序内部的变化。正如学界中众所周知的一般，朴趾源去中国旅游之后创作了《热河日记》，从而发扬了新文体。当《热河日记》的文体影响力出现了扩大趋势之后，李氏王朝便不再袖手旁观，而是采取了"文体反正"的政策。这一政策的焦点便是如何处置《热河日记》。以现代文学观来审视《热河日记》，很难断定它应该归属于何种文体，也很难赋予其文学性，因而极易将其划分为非文学性的东西。以传统的东洋文学观来审视时，它虽然属于文，但却受到不少的非难和指责。实际上，当时各种矛头都指向《热河日记》，朴趾源的内弟兼知己李在诚对当时的情形描绘道："喜欢它的人却未必知其真髓，将其中该唾弃的渣滓视为宝贝，并以寓言谐笑之法将其广为传扬。因此引发了对其整体的攻击。"上述引文参考了《热河日记》的原序。作为人的实践，著书的最高境界是以《易经》和《春秋》为前提。因为《易经》追求的是不表露在外的道义，所以成为"寓言"，而《春秋》则是明显的纪事，改变之后便成为"外传"，《热河日记》理应属外传，它同《庄子》有类似之处，故如此主张。

"现在才恍然大悟！《庄子》为外传，真假混合均有，而燕严氏所作外传，只有真而无假。两者均可归为寓言，以论证道理。"

引文中指出《庄子》中混有虚构性素材，而《热河日记》则都是以经验性事实为据。按照上述的论证法来看，《热河日记》兼备了外传的形式和语言的意义，实际上是对《春秋》和《周易》的变用。与《庄子》相比，可说是其长处。如若过于夸张，难道不等于虚张声势吗？笔者欲用作家对主体的觉醒作为伦理来解读《热河日记》。

对于《热河日记》，当时大部分读者都视其为"传奇谐笑之作"并津津有味地阅读。正如作者的儿子在《过庭录》中的感慨一般，这种读法只是一种皮毛性的读解法。当然，我们无可否认《热河日记》中兼具了各种阶层、兼备了小说的要素和讽刺幽默的性格。整篇采取小说的叙事方式，使用描写的手法，也活用了滑稽、讽刺的表现方法。这也是《热河日记》被认为是新文体的重要原因。特别是其中的《虎叱》和《玉匣夜话》，前者属于讽刺小说，后者属于作品化的野谈。

为何要在以"事实报告"为主的《热河日记》中插入虚构的小说？这是一个与作家的意识直接相连的问题。《热河日记》的核心主题在于对世界的认识。即"我"踩在脚下的世界现今是何种情况、应该如何打开这个世界的桎梏等问题。这需要一种能够判断和展望当时处于世界核心位置的中国政势的写作形式。可想而知，在《热河日记》中为了总观如何正面面对以及判断清朝这个问题，以论述的方式完成了《审势篇》。为了批判迎合清帝统制体制的机会主义知识分子，于是完成了《虎叱》。为了克服清帝体制作为东亚层次上的课题，亦为朝鲜人所冥思苦想，于是加入了《玉匣夜话》。

正如上述所论的《玉匣夜话》，在朴趾源年轻时所著的九传（《方橘阁外传》）中也将野谈活用为创作素材。但是，朴趾源对野谈的活用不同于野谈集的一般方式。他投入了高度的作家意识以及创作技法。与之相反，野谈集大体上是从旧的口述形态转换为文字形态的结果。这同中国的话本类似，赋予了话集这个用语。笔者认为朴趾源的情况与一般"记录性"野谈集相比，可以说是具有"创作性"的。

野谈的形成过程大体上可分为口述化，即口头创作的阶段，和记录化，即文字创作的阶段。认为野谈是"记录性"的这种看法亦重视初步的口头创作阶段。当然记录化并不是像今天采取的录音形式那样会自动形成，作家的意识和笔锋对其起到决定性作用。虽然考虑到这一点，但从整个过程来说，记录化阶段仍受到轻视。正是由此，笔者才通过《绮里丛话》来纠正视角。这里并非是要更换野谈认识的基本伦理，而是要对记录化阶段中介入的创作给予肯定的评价。

《绮里丛话》是一部近期才完全确认其完整版本的野谈集。三十年前，李佑成老师和笔者曾将野谈类的资料整理为汉文短篇，在整理过程中并没有将《绮里丛话》涉于其内。直到 1997 年笔者发掘了《绮里丛话》并将其介绍到学界，由于没有确认到作者的姓名，只提出了"绮里"这个笔名，资料也不完整，因此那时只提出了六篇。后经金荣镇教授考证，作者为全义李氏家门的李玄绮（字樨皓，1796—1846），笔者才得以看到完整的资料。

《李朝汉文短篇集》中选录了九篇《绮里丛话》所载的作品。这九篇普遍被评价为汉文短篇中十分有趣并出色的作品。尽管如此，因为目前既不知道原载经典也不知道其原作家，对其仍然难以形成一种统一的认识。

这些作品原本主要收录在《青丘野谈》中。《青丘野谈》的编纂过程中无疑收录了《绮里丛话》，但《绮里丛话》的上、中、下三卷中只有上卷和中卷的部分内容。笔者后来发掘并介绍的六篇均为下卷内容。笔者对这些作品做出如下的介绍："大部分是基于野谈、采录野谈手法而用绝妙的笔锋来编纂的，均充满对政治社会以及人间事态的批判意识。当然其中有一部分可能不是依靠口述资料而是靠作家凭空想象而来的。"

《绮里丛话》中首先应该重视的是作家意识。《奴主问答》的主人公是一个被主人使唤的奴隶。它是一种典型的讽刺叙事，启发了一种与生俱来的平等，提出了"身份下贱就应该蜷在别人底下活吗？"这一关键性的问题。我推断这种情况属于作家的虚构性创作。《抱川异闻》是在已有的鬼神故事中掺入自己主张的一种"述异寓意"。它借用了坟墓中的朝鲜开国功臣河崙的言论，攻击了北伐论的虚伪性。《玉匣夜话》中许生对李浣宰相的攻击性语言在这里指向了鬼神。《蔡生奇遇》（《李朝汉文短篇集》中题为《金令》的作品）、《崔承宣传》（《旧仆莫同》）等故事中描写了两班阶级的无能为力，与之相对照，奴婢出身的新兴富人却十分有勇有谋。具有批判意识的作家似乎是捕捉到了时代的真理，而这种讽刺和批判的作家精神正是自我的觉醒。

另外，还应重视的一点是创作手法。仔细来看，《绮里丛话》所载的作品很难以一言盖棺定论。优秀作品的表达手法和表现方式是丰富多彩的。其中，《张守果传》展现了一种特殊实验性。它是汉文短篇中篇幅最短的，至今也从未被举论过。在此作品中时常插入叙述者的评语，整页采用了白话语汇的形式。总体来说十分特别，似乎是采用了明清小说发展而来的文学习惯。插入评语所展现的效果和采用白话所包含的意义值得一考。

首先在作品的开头部分，对主人公介绍时陈述道："南山下几间简陋的房子"，然后插入评语"只今此峰下，亦多此般人"。叙述者将主人公的生活时期设定为过去，而评语则启示了一种现在性。并在进行叙事的同时，不断介绍主人公的职业和称呼，并对其评价道："将他生业称号不书传首，今忽借他口里说出叙事妙品。"

如此，此文中评语似乎是面向读者进行的一种解说。在作家同设想的读者之间相隔离的空隙中，为批评家找到一个恰当的位置，时而帮助读者理解，时而诱发读者大笑不止。作家伪装并挺身充当单独另存的批评家这一手法真是令人啼笑皆非。

《张守果传》是如何下定决心以白话文来表达的呢？白话文对于日常生活用汉语的中国人而言并不陌生，但对朝鲜人来说却非同一般。以书面的汉语来实现野谈的记录化是一般惯行，也取得了一定的成果。但使用白话文又有何意图？由于野谈记录的是口语故事，野谈的汉文同一般汉文不同，是一种"朝鲜式的汉文"。但即便是"朝鲜式汉文"在重现"事实"这层意义上也不免有些受限，对于口语和书面语的这种与生俱来的不一致现象，人们不免要进行一番苦思并摸索其解决方案。正是作为这种方案之一，《绮里丛话》的作家李玄绮尝试创作了白话体小说。

三

所谓"小说中近代语文的实现"才是本文的正题。因为当初设定的主题太宽泛，接触的方面又太模糊，遂以几个作品为例将议论具体化。我个人的见解是韩国近代小说形成期的代表作是《万岁前》。欲以1922年廉想涉发表的《万岁前》为终点，以1915年梁健植发表的《归去来》和1921年文镇健发表的《贫妻》为里程碑进行议论。是作为"三一运动"的余波，新文化运动兴起前后的时段。

在韩国文学史上找寻可与中国文学思想《阿Q正传》比肩的作品的话，谁能担此重任呢？中国近代的鲁迅和《阿Q正传》，像其一样占据不可动摇位置的作家和作品，韩国文学史上并没不存在。但是就作品而言，《阿Q正传》和《万岁前》之间可以发现几点共同性。都采取长篇小说的形式，发表于相同的时间点。如果《阿Q正传》算是中国五四运动的文学代言人的话，那么韩国"三一运动"的文学代言人当属《万岁前》。从辛亥革命失败的挫折中走出来的《阿Q正传》，笼罩在"三一运动"的社会背景下的《万岁前》，两者的作品世界具有这样内在的相同性。

列举《阿Q正传》和《万岁前》的共同点，事实上不同之处更多。这是无可厚非的。在两者的不同作风中，能饶有兴趣地感受到体现各自传统的不同之处。首先以《阿Q正传》为题目就不寻常。名为阿Q的主人公，从名字开始就是奇怪且史无前例的。为这种连姓名都模糊的人立传，正如作品中所指出的那样，根本不合道理，更何况是"正传"。

之前朴趾源将青年时代的小说型散文标为"外传"。面对《热河日记》时，从圣经贤传开始在流变的形态上借助"外传"的概念赋予意义。倡导法古创新，果断对传统进行全面的挑衅。与之相反，虽然书中也记在了以"正传"为题的赵的戏剧化的演说，但明显可以看出作者要与其做一次正面的胜负决断。

中国历经几千年，构建了立言—不朽文章的精神，构造了儒家的"文化长城"。"文化精神"的影响力向周边区域扩张，形成了所谓的汉字文明圈。但正如作者在书中反讽的一样，正是那种连三教九流都算不上的小说，而且还是用那种"引车卖浆"的平民们使用的白话文所写的小说，攻克了这个巨大的"文化长城"。而且，作者经常有意引入圣经贤传，不恭敬地肆意模仿。可以说作者选择了一种与作品的战略性相应的战术技巧。

《万岁前》仍在桎梏中对传统进行批判和否定。正如自己的父亲，围绕父亲的人类腐朽的旧习，揭露堕落落后的思考方式，对其嘲笑以及失望。然而，真正指向文学传统的批判性笔锋却未见其挥舞。作者算是一边建设新文学，一边抛弃与旧文学的斗争。

小说作家的自我

现在讨论的《归去来》《贫妻》《万岁前》，所有主人公都由作家所设定。换句话说，作为知识分子小说家，作家描绘的是自身的生活或以他的视角所认知的世界。韩国流传的小说是没有作者的状态。因为以前的小说大都以匿名流传，连生产者也未表明自己的作品，消费者更无从得知是谁的作品。也可以说因为小说中没有自我，所以不被文学认可。

《归去来》发表于1915年，是在近代短篇小说形成之前。还未摆脱不成熟的态势，成为"未完"。作家梁健植写于1918年的《悲伤的矛盾》，在1920年成为开创短篇小说先河的垫脚石，首先在朝鲜学界进行评价，韩国学界也获得了大多数学者的赞赏。虽然《归去来》尚未完成，从文学史角度来看却意义非凡。《归去来》中主人公开始变成"作家"。作为小说家的"我"站在了正面。在"作家"描写小说写作的现场之后，由杂志媒体印刷通过正常途径提供给读者，展示全过程。近代语文的机制是先觉性的。特别是，由"作家"口述，妻子执笔的小说写作现场刻画得十分有趣。表现出当时人们是怎样认知小说的，敏锐地捕捉了小说家的心理。但未能像《贫妻》中一样，触及作家的经济条件。

韩国短篇文学中美学成就首屈一指的《贫妻》，便解决了创作主题的苦恼。在经济贫穷成为叙事开端这点上，与《玉匣夜话》的设定类似。《玉匣夜话》的许生，虽然没有解决妻子的饥饿，却是"万金何肥于道哉"十分自负的大人物。像他一样自负的"道"究竟是什么？肯定无法摆脱治国平天下的理想，是主体"士"的形成。与之相反，将至高的价值放在文学之上，《贫妻》的我作为小说创作获得自身，简直是小道、小气的人物。这个主人公在贫困的生活中对心动的妻子发出"艺术家的妻子都是什么！"的怒火。最让"我"饱受折磨的是社会对小说的不理解。

前面《归去来》中感慨"朝鲜人知道什么文学。他们只知道把无用之话当作小说"，至今好像也并无好转。其问题在于相信能够实现价值并全力追求自我，和被认为是"无聊之人"的世界形成了一种分裂。在分裂上，可以看到与你我世俗化偏向的殖民地现实无关的作品。《贫妻》的"我"是作家的投影。作为小说家觉醒的自我，无法在《热河日记》《绮里丛话》中发现。因为即使在写小说时，也不把自己当作小说家。不用说朴趾源，连《绮里丛话》的李玄绮也曾强调说"历史经史有无限的乐土"。作为小说家的自我，不是经世指向的超人，而是矮小成凡人样子的近代主体。

作为《代替序》，在《万岁前》的开篇有作者的三段话。第一段："我为什么要写，写好或写坏都是作品自身代表我要向诸君所说的话。"作家通过作品，意识到说明作为小说家的自我。第二段："本作品中，包含多少生命和价值，无论是对还是错，诸君会代替作品而发言的。"这一说法说明作者已经从作者决定因素中脱离出来，只有依靠"诸君＝读者"才能对作品赋予意义，作者已经意识到这种所谓近代文学的存在形式，并且认为文学的存在意义是"生命和价值"。

《万岁前》中"我"＝李寅华可以看作作家的化身。小说是罗列"我"从东京出发，经由釜山抵达首尔途中所见所闻的各种事实和思绪的游记结构。这算是《海槎录》的近代传导，小说的变身。这一系列的过程中，通过"我"的民族现实的发现，结果带来世界认识的深化与自我的再确立，是长篇小说的形式。在经历了如同"墓地"一般的民族现实，让曾陷入浪漫主义的"我"的文学态度变得十分羞愧，这一坦率告白表明《万岁前》正是作者自己重新确立文学观的作品。《万岁前》在近代小说成立史上，既是终点同时又是新的起点。

小说的文体

"我们能接受多少开拓者应体验之痛？朝鲜文学的前进之路？文风？文体？无数的问号摆在我们面前。"

近代小说开拓者金东仁的回忆录在文体问题的解决上做出了贡献。在接连不断的问号里他是如此倾诉当时的苦恼，"首先是文体。口语使用虽是理所当然的，但口语的程度究竟该如何"？

现已成为讨论中心的《贫妻》和《万岁前》，显然作为小说文体还是不成熟、处于不稳定状态。《贫妻》的作家想要主体性陈述，就感觉到转述体"云云"的不合适了。所以全面运用过去式终结语尾，而在部分表达人物的心理状态时使用"云云"的特殊时态。对照《万岁前》1924年的初版和1948年的修订版，就可发现作者后来进行了从头至尾的润色和语句表达的修改。也就是说，直到《万岁前》时期，小说写作还未固定。

韩国近代语文的形成道路中，所遇之最大议题是叫作国文体还是国汉文体的问题。《归去来》到《万岁前》的三篇共同使用了国汉文体。李光洙用国文体写成《无情》，用国汉文体写成《开拓者》。新文学运动前后时期，尽管小说文体方面达成了言文一致的协议，但对于究竟应该是国文体还是国汉文体这一问题上仍然处于交替流动的状态。反而看起来曾像国汉文体主导一样。与国文小说的传统或后来小说确立国文体的历史相比照，意外的是这一阶段国汉文体主导了小说的革新，这是无法不被关注的现象。

国汉文体在近代启蒙时期上升到历史。在近代以前汉文体和国文体双重构造的标记法体系中，国汉文体没有独自的立场。1894年以后通过时代的要求排挤汉文体，位置被国汉文体所占据。国汉文体被刻画成韩国启蒙主义文体的发言人。随着国汉文体的惊奇跃升，国文体也随之上升。因此综合国汉文体和国文体，我将其看作韩国启蒙主义的双生儿。初创期的近代小说，与国文体相比更亲近于国汉文体原因究竟为何？主要有两点，一是近代小说与自身文学属性有关，它不是需要口头朗诵而是需要用眼睛阅读和思考。另一点是创作主体如果要发表认识世界和掌握现实的观点的话，继承启蒙主义嫡系的国汉文体应该更为有利。

（本稿为 2006 年 1 月 20 日
"近代语文秩序的形成与再编"学术论坛主题演讲稿，
后经作者修改补充发表于《大东文化研究》第 58 辑）

柳俊弼

"东亚"的意义

——以对竹内好的诠释为契机

一、东亚,其他者性和少数性

不管欧洲怎样理解这些情况,东洋的抵抗乃持续不断。通过抵抗,东洋实现了自己的近代化。抵抗的历史便是近代化的历史,不经过抵抗的近代化之路是不存在的。欧洲通过东洋的抵抗,在将东洋纳入世界史的过程中确认了自己的胜利。这种胜利被理解为是文化,或者民族,或者生产力的优越所致。东洋则在同样的过程中,确认了自己的失败。这失败是抵抗的结果。不经过抵抗的失败是不存在的。因此,抵抗持续也就是失败感的持续不断。

欧洲一步步地前进,东洋则一步步地后退。这个后退是伴随着抵抗的后退。这种前进与后退,对欧洲来说被解释为世界史的进步,理性的胜利。这种认识在不断的失败感中,经由抵抗而作用于东洋时,失败便成为决定性的。就是说,人们于失败感中自觉到了失败。

及至在失败感中自觉到失败,是有一个过程的。而不断的抵抗则是其条件。在没有抵抗地方不会产生失败,即使有抵抗,若非持续不断也不会自觉到失败感。失败是一次性的东西。失败之一次性这一事实,与自己处在失败之中这一自觉并非是直接相关的。毋宁说，失败往往将自我引导到忘却失败的方向去，相对于现实中的失败，在认识论的意义上对于自我而言再次失败，而这一次的失败却是决定性的。在这种情况下，当然不会产生对失败感的自觉。对于失败感的自觉，只有通过拒绝在认识论意义上输给自己这样一种第二义的抵抗，才得以产生。这里的抵抗是二重的。即对于失败的抵抗，与对不承认失败或者忘却失败的抵抗。也即是对理性的抵抗，与对于不承认理性之胜利的抵抗。(竹内好：《中国的现代和日本的现代》)[1]

　　1948 年竹内好发表了《何为现代》。此文的关键语为"西洋和东洋""前进和后退""胜利和失败""主人和奴隶"等对立语。在这种二元对立的结构中竹内好通过鲁迅提出了"抵抗"问题。竹内好的抵抗可分为两个层次。一是"西洋和东洋"的对立相互关系中，东洋持续抵抗西洋。这也正是在西洋的前进运动下"奴隶""东洋"在"后退"的过程中所持续的"失败"。当然是边抵抗边经历的失败。二是东洋"对自身的抵抗"。后者的"第二义的抵抗（第二个层次的抵抗）"是竹内好的关注事项，这里有必要细究一下。

　　竹内好所提出的"抵抗"的难以理解之处在于，两者不同时存在于同一个平面（层次）上。尽管同样使用了"抵抗"这个词，但两种抵抗存在于两个不同的层次上。"第一个层次的抵抗"是"东洋＝弱者＝失败者"对"西洋＝强者＝胜利者"的抵抗，在

---

[1] 译文引自《近代的超克》（竹内好著，孙歌编，李冬木、赵京华、孙歌译，生活·读书·新知三联书店，2005 年），第 186 页。以下此文的译文均引自此书。——译者注

分析这个"抵抗"的视座中,"第二个层次的抵抗"即"失败者"内部展开的"对自身的抵抗"并没被纳入其中。如果硬是将两者放入同一平面的话,便会出现如下状况。"奴隶为了否定自己是奴隶而抵抗主人"以及"奴隶为了不忘记自己是奴隶而抵抗自己"。竹内好的抵抗从包含两者的意义上来说,总是呈现为一种"逆说"。因为"应该不是奴隶"和"应该是奴隶"(或者说"不能忘却我们是奴隶这个事实"),两者同时共存。

下面换用"表象"这个词。这个双重的抵抗基本上是在"主人对奴隶"(西洋的前进对东洋的后退)的关系中形成的。这里第一个层次上的抵抗在"主人对奴隶"的结构中反复显现。但是在第一个层次上的抵抗的表象体系中,第二个层次上的抵抗并没有被表象化。即,它是一个不可能被表象(显现)的领域。反过来看也不外乎此。立于一个视座中时,另外一个视座便不可能表象化。所以两个抵抗尽管表现为同一个"抵抗",两者是无法相互替换的。换言之,是一个不可交换的问题。

第二个层次上的抵抗分明内涵于"主人对奴隶"的关系中,但因为其不是通过主人对奴隶这个结构来表象的,从这一点上来看,它是一种"他者性"。他者性并非存在于我之外的某种东西。所谓他者性指的是"内在的他者"或者"他者的内在性"。竹内好所说的第二个层次的抵抗结果是一种他者性。竹内好之所以强调第二个层次的抵抗是因为他确信,正是这种内在的他者性可以瓦解主人对奴隶这个结构的运转。主人对奴隶的结构是一个可以调换位置的可以交换的世界,是一个奴隶自己也率领奴隶的话,就认为自己是主人的结构。正如鲁迅和竹内好所强调的一般,即使奴隶使唤主人,并非意味着他就成了主人。奴隶依然只能是奴隶。因为这只不过是在主人的位置上重新构造了一个主人对奴隶的结构而已。

在竹内好的观点中有一点是绝对不可忽视的。即竹内好并没有将西洋和东洋设定在一个同质的平面上。它的前提为存在一个力量强弱的质的差别。尽管用词上是对等的，但与此截然不同的是，事实上西洋和东洋是并非对等的。这里存在一种上下的秩序关系，正是以这种强弱的秩序关系为据，西洋将东洋内部化于自己的世界。竹内好重视的正是这个过程。同西洋和东洋这个用语名称上的对称感截然不同的是，实际上的西洋和东洋是不对称的。西洋胜利了，而东洋却失败了。正是由于这种不对称性，东洋的西洋化才得以进展。并且，东洋只是作为西洋的一部分参与到西洋所构筑的整个世界中的。

奴隶是主人所创造的主人给奴隶的世界的一部分。奴隶只是作为整体的一部分同世界相遇的。所以，所谓的抵抗基本上是一部分和包含自己的整体（或者是更大的部分）对抗的意思。奴隶的世界（表象）总是比主人的世界要小。如果相信"东洋—奴隶"，同"西洋—人"存在于同质的平面上的话，那么世界就变成了可以交换的世界。从而也就会变成互相跨越的领域。不忘记自己是奴隶，即第二个层次上的抵抗，正是将其视为问题的。它意味着彻底坚持"弱者—失败者—奴隶"的立场，并且不忘却这个位置。在这一点上，作为他者性的第二个层次上的抵抗也是少数性。[1]

---

[1] 正如孙歌所说，如果说竹内好最终也没有反省的话，《大东亚战争和吾等的决议》缺少抵抗的日本有可能成为面对抵抗的结构内在化的机会的高昂的喊声。明治以来，日本从来没有同西洋对立过，所以也就没有抵抗过。换言之，既是奴隶又没有觉察出自己是奴隶。

这种作为少数性的他者性，不可能互相表象化，是需要在不可交换的世界中理解的。所以，第二个层次上的抵抗的意义，是很难通过"Trans"，即"跨越界线"或者"穿越界线"来捕捉的。反之，只能通过对其不可能性进行质问才能相遇。我提出了"东亚"这个质问，但它只是许许多多的质问所构成的场的名称而已。所以，"东亚"并不存在任何实体。

二、反启蒙的悖论：内在和外在

聪明人能够拯救奴才，但这只是让奴才在主观上感到得救。就是说，不去叫醒奴才，让他做梦，换言之，不予拯救才是对奴才的拯救。就奴才的立场而言，奴才向外寻求拯救，这件事情本身正是使他为奴的根源。因此，叫醒这样的奴才，就意味着必须让他体验"无路可以走"之"人生最痛苦的"状态，即自己为奴才的状态。意味着他不得不去忍受这种恐怖。如果他忍受不了这种痛苦而求救，他甚至要失去对自己是奴才的自觉。换句话说，所谓"无路可以走"乃是梦醒了之后的状态，而觉得有路可走则还是睡在梦中的证明。奴才拒绝自己为奴才，同时拒绝解放的幻想，自觉到自己身为奴才的事实却无法改变它，这是从"人生最痛苦的"梦中醒来之后的状态。即无路可走而必须前行，或者说正因为无路可走才必须前行这样一种状态。他拒绝自己成为自己，同时也拒绝成为自己以外的任何东西。这就是鲁迅所具有的而且使鲁迅得以成立的"绝望"的意味。绝望，在行进于无路之路的抵抗中显现；抵抗，作为绝望的行动化而显现。把它作为状态来看就是绝望，作为运动来看就是抵抗。在此没有人道主义插足的

余地。（竹内好：《中国的现代和日本的现代》）[1]

"奴才拒绝自己为奴才，同时拒绝解放的幻想，自觉到自己身为奴才的事实却无法改变它。"正是竹内好所理解的第二个层次上的抵抗的实质和结果。它既是恐怖又是苦痛，也正是黑暗和寂寞。因为它没有任何幻想做依据，所以表现为一种绝望。这种认识从根本上同启蒙的伦理相对立。因为启蒙才是典型的"幻想"。启蒙的前提是以时间为序的质的区别。有先醒悟的，有后醒悟的。鲁迅说自己不是先觉者正可以从这种文脉中理解。

抵抗只能成为反启蒙，是因为它是对外部给予的东西的反抗。"由于抵抗便不会被给予什么，所以就会抗拒一种从不给予到给予的幻想。尽管放弃抵抗会被给予什么，但是却丧失了抗拒那种被给予的幻想的能力。"从这一点上看，通过竹内好或者竹内鲁迅，可以看作抗拒从外部给予的"自己自身的思想"。只不过，尽管这个思想有些凄切，只适用于"自我否定"的形式。一面抵抗被给予的东西一面否定它，同时也抗拒通过抵抗必然地树立起来的"自我像"，从这一点上来看，这同"自己对他者"的二元公式是相去甚远的。要救援沉睡的人民，但却拒绝做启蒙他们的"贤者"，也拒绝做将解放之梦视为自己的梦想的人民，这正是说的鲁迅。

众所周知，"幻灯片事件"被视为鲁迅弃医从文的契机。在《呐喊》的序言和《藤野先生》中都有对其的介绍。鲁迅看的幻

---

[1]　译文引自《近代的超克》，第206页。——译者注

灯片内容为，做俄军探子的中国人被处刑，当时却有许多中国看客围观。鲁迅经历过此事后决定放弃学医。从事件的表面上来看，鲁迅是对将处刑的中国同胞当光景看的中国看客们发出的愤慨之情，但这里又存在一个微妙的双重结构。

鲁迅对观看处刑的中国看客们所发出的愤慨之情其实也是鲁迅对自己发出的感情。鲁迅的愤恼实际上针对的是，中国看客们并没有认识到处刑的中国人其实就是他们自身。但当时看幻灯片的场所是以日本学生的欢呼声为背景的。换言之，在那里，鲁迅所体验到的是，幻灯片里面的人正是鲁迅自身。看客的位置正是鲁迅自身所处的结构，可以说鲁迅所愤慨和批判的对象也包括了鲁迅自身。

十分巧妙的是，藤野先生站在这个结构的外面。鲁迅对藤野先生的教育热情和他对学问的认真态度表示高度敬仰。在《藤野先生》的结尾部分，鲁迅这样写的："他的对于我的热心的希望，不倦的教诲，小而言之，是为中国，就是希望中国有新的医学；大而言之，是为学术，就是希望新的医学传到中国去。"但是鲁迅却弃医离先生而去。这个事件的背后隐含着日本对中国的蔑视和中国的落后性。如果是在这种条件下研究医学的话，学问的客观性和普遍性便易歪曲。可以说这个事件是鲁迅认识到学问或者现实条件和结构会被歪曲而发生的。

之后，鲁迅的路便呈现出一种逐渐趋于同客观性（或者说普遍性的知识）相反的方向。鲁迅选择了紧贴中国的落后状况或落后性的方式。这意味着他不在状况的外部寻求自己的位置。通过这种方式，便可能实现一种"抵抗外部所给予的东西"。同时，这是一个承认落后性的位置，所以也是一种奴隶的位置。由于它是一个奴隶的位置，所以只是停留在"主人＝前进＝胜者"为上位而构成的世界整体的一部分而已。这正是前面所提到的进入第二个层次的抵抗的结构中的方法。

鲁迅的阴暗来自缺乏解放的社会性条件的殖民地落后性，这一点不能否定。但是，鲁迅拒绝幻想，憎恶聪明人，忍受着"被叫醒"的痛苦状态，摸索着黑暗斗争。他不是把解放的社会性条件作为"被给予"的东西来追求。这是在过去不曾，现在、将来也不会被给予的环境中所形成的自觉。因为抵抗，所以不能得到，因为不能得到，故拒绝得到的幻想。如果放弃抵抗便可以得到，可是为此，对于道德幻想加以拒绝的能力也将同时失去。这中间的区别，乃是因保守所以健康，与因进步所以堕落之间的区别。[1]（竹内好：《中国的现代和日本的现代》）

正是如此，才不可能将对象实体化。这也意味着将自己作为一个实体是无法客体化、对象化的。因为所谓的双重抵抗是无法在同一个平面上表象化的。当对象不能作为客体被对象化的时候，或者是自己位于其对象内部，应该批判其对象的时候，到底哪个位置才是可能的呢？ 当然不会出现一个赋予实体性的位置。因为内在于对象自身才不可能将全体都对象化，而正因为不能将全体对象化才不会具有判断的尺度和实体性。

在这里有一项要注意。这种"不可实体化性"并不是普遍的

---

[1] 译文引自《近代的超克》，第 207 页。——译者注

或者抽象的。它不是在一般论的层次上可以讨论的问题。它总是引发一个有关"位置"的问题。那个位置是"失败者—奴隶—弱者"的位置。它在意味着世界是不同质的、不均衡的同时，以世界上存在上下秩序为前提。处于"失败者—奴隶—弱者"的位置上的说法，是从认同了看不到整体的事实出发的。因为要看整体，就需要借用主人的位置上的主人的视线。所以"抵抗"只能是盲目的、黑暗的。

竹内好说："如果有一种既非欧洲的，又非东洋的第三者的眼睛的话，欧洲前进的一步和东洋落后的一步会被映照为同一种现象。""正是东西文化融合（以及其变种）这个观念。从它抛弃价值这一点上来看虽然是抽象的，但即便是不涉及那些抽象的部分，从一开始对这种第三者的视点提出的假设便是欧洲的思维方式。"第三者的视点"由于是一种对历史外部的不动性的假设视点，所以是抽象的"。对于"失败者—奴隶—弱者"来说，是不存在普遍的位置的。"液体 A 和液体 B 混合在一起的时候，如果说液体 A 是有意识的话，他自身认识不到和液体 B 是混合的。它如果是东洋的话，只是失去自身而已。"

而除了第三者的视点，又不可能有另外一种客观的对象化，也不可能确保一种批判的正当性位置。而且，即便是那种批判的言论听起来似乎是一种普遍性的话术，但也只是一种指向内部者的言表而已。所以，它是一种直接指向自身的发言。这样，便会出现一种逆说的结构，即这种言论最终成了应该消灭自己的，甚至是为了消灭自己而进行的批判。《故事新编》中《铸剑》中眉间尺的报复被归结为同仇人不可分离状态下的自我消灭。《野草》和《题辞》中提到只有"死灭和腐朽"证明了自己的"生存"。《影的告别》中说道，将用"在明暗的境界中徘徊的"影子的声音消失在白日的光明中或黑暗之中。

三、向殖民地发出的质问："无意义"的伦理性

所谓历史认识基本上是指有关自身"表象"方式的问题。在日本和韩国，1945 年 8 月 15 日的根本认识错位为"战败—解放"。由于从甲午中日战争，到"九一八"事变，再到太平洋战争，一直延续到"冷战"的这种战争叙事，"战争经验"和"战争责任"在日本似乎一直成为话语的关键语。日本通过"战争"同"中国"面对，然后同"世界"相遇。但是日本靠"战争"的叙事同殖民地（朝鲜）相遇却是件难事。正像朝鲜靠"殖民地"同中国相遇也是困难之事一般。从这一点上，构成东亚近代的表象世界是不对称的，所以是不可交换的。

"战争"和"殖民地"之间的不对称性意味着相互之间是不可表象的，也意味着两者之间的关系是外在的。但是，那种外在性是以对内在性关系的认识的盲点为代价的。实际上，日本的"战争"中尽管殖民地总是内在化的，但并没有将其内在性视为问题。战争总是一种"殖民地对帝国"式的日本的战争，并非将殖民地排除在外的只属于日本的战争。从战争的视座上看，殖民地是既内在于其中又不包括在其中的他者（性）。

中日战争分明是中国和日本的战争，但那时的日本为"殖民地—帝国"。大东亚战争或者太平洋战争也是同样。日本的"帝国"中包括"殖民地朝鲜（人）"。对这个问题的一般接近方法为"强制性"。日本用强制的方式强制动员了朝鲜。当然，提出这个

问题是正当的。但是这种正当性只有在"韩国对日本"的一对一的关系中才可能正当化。在这里却只提出了一个"强制参与战争"的问题。但是，出现"强制的参战"中到底是和"谁"战斗这种质问的时候，情况便应另作解释。在中国大陆，东南亚一带，还有太平洋等地区日本帝国军人的枪口是对准了谁的呢？对于在此过程中遇到的对手来说，"完全是被强制参与战争的"这种事实是否还具有正当性呢？

之所以提出这种疑问，并不是要确认战争犯罪的共犯有无问题。反而是因为有必要提醒一下历史的（不）连续性。在战前和战后，殖民地和解放之间存在着一种严重的不连续性，对此我们应该反省。解放后的韩国（朝鲜）以否定殖民地时期的方式强调连续性。反之，日本的战后论者想要赋予日本的战后和战前不连续性。但是不论哪一方以现在的正当性为根据回收以前的时期都是不可能的。因为在当时的战争和解放前后之间介入了一种相互不可交换的不对称性。

试图将这种不对称性判断为"歪曲"或者"分裂"、恢复战前和战后的连续性的著作似乎可以看加藤典洋的《败战后论》。日本的国民主体是分裂的，所以必须形成一种能够承担起谢罪的责任的国民主体，这是个首要的问题。为此，加藤借用了大冈升平和太宰治的眼睛，考察了连续性是如何被视为问题的。这种主张引起了严重的驳论。其中之一为如下争论：应该首先向"战争中牺牲的两千万亚洲民众"道歉？还是应该先向"三百万本国'烈士'"致以哀悼？

当然加藤的立场为首先向本国"烈士"哀悼，然后才能形成负起责任道歉的主体。与此相反，主张应该先向两千万亚洲民众哀悼的高桥哲哉对加藤说，应该同"他者"相遇。但是，那个他者是一个存在于自己（日本国民）外部的实体。这种实体性的他者意味着必然会在另一端将自己也设定为实体。从这一点上，加藤和高桥的位置是否相去甚远还是个疑问。他者性只不过是内在的他者而已。

不管是两千万亚洲民众还是三百万本国"烈士"，其中都存在靠战后登场的国家的名字所不能回收的"死亡"。两千万亚洲民众当中，所谓殖民地人民这种"帝国的臣民"已经包含在里面了；三百万本国"烈士"之中，所谓殖民地人民的"帝国的军人"也已经包含在其中了。即便是不靠加藤和高桥，他们本身包含了已经"内在化的他者（性）"。从这一点上看，加藤和高桥都处于没有进入战前历史的位置上。

尽管如此，加藤的论述中有一点十分有趣。即《败战后论》中"无意义的死亡"这一点，和《战后后论》中的"Non-moral"这一点。加藤将《战舰大和最后》中登场的白渊大尉诠释为："明知自己面临的是多么愚蠢、多么毫无意义的死亡，却在其中发掘意义，明明就是快要死的人才留在这里。"从而主张正是由于这种毫无意义，才可能实现哀悼。但是，即便是依据加藤对白渊的"死亡论"的诠释法，从战后的"国民主体"或者国家将"无意义"回收为"有意义"这一点上来看，它并非毫无意义的。靠国家回收的死亡并非无意义的。

如果存在真正的"无意义的死亡"的话，那应该是战后的国家不能回收的死亡。从单凭无法用有无意义来解释这一点，就可证明是"毫无意义的死亡"。如果有那种死亡的话，它既是曾经的"殖民地的人民"，又是曾经的"帝国的军人（臣民）"的死亡。

如果说臼渊的死亡真正是无意义的话，它不能回收为战后的意义，只能以无意义的状态植根于同已消失的存在之间形成"纽带感"的时刻而已。加藤虽然采取了将自己同视于大冈升平、太宰治的策略，但这是一种欺瞒。同他们的由战前到战后的方式不同，要想从战后追溯到战前的话，应该设定出战后的"日本国民"的位置。靠战后的表象是不能包纳战前的。单独别论的话，战前是比战后更大的世界。

经历战败的时候，"输于战争"的说法和"没有任何意义的战争"的说法共存而又分裂。战后日本的位置上两种主张都被回收为"意义"。但是，它是根基于对"意义"的有无判断这种根源性的无意义做法才得以成立的。我同意无意义的死亡。但是已经反复强调过，"无意义的死亡"只能在同殖民地出身的"烈士"们的连带意识中才会获得其无意义性。其无意义性并不是从作为日本国民的死亡之中显现出来的，而是从不能回收为任何一个国家的"殖民地—帝国臣民"的死亡中显现出来的。

加藤在《败战后论》的续篇《战后后论》的结尾部分，引用了 J. D. Salinger 的小说 *Last Day of the Last Furlough*（1944）中的句子 "It's time we let the dead die in vain"（让死者白白牺牲的时刻）。并且，声明了"从战争中回来的人对战争什么也不该说"的意思。但我不同意这种说法。主人公所说的 "It's time we let the dead die in vain"，即便是假设了一种"正确的"战争，这种"正确"也只能适用于战争当时。所以，不管是哪种"战争"的正当性都不能被扩展到战后。

所有的战争都是"没有意义"的。这是因为战后已经不可能再进行判断了，所以是无意义的。但这里存在一个"伦理"问题，即参与了"正当"的战争，但却坚持不对战争发表任何评论。这种发话的位置是不应歪曲的，也不能将其替换为对战争的一般论。日本想要面对战死者的"无意义的死亡"的话，想要凭其生成"历史的伦理性"的话，应该同战前的殖民地相遇。那个殖民地既不是解放后的韩国，也不是朝鲜。那是内在于历史的他者性，不被表象出来的"无意义"自身。

韩国（或者朝鲜）作为殖民地内在于日本，即通过承认自己是日本的殖民地这个逆说，来面对日本的时候，才能同解散日本帝国遗留机制的可能性相遇。这是一种同殖民地外部"所给予的"抵抗的正当性不同层次上出现的抵抗的可能性。这种结构一方面同第一部分当中所提到的竹内好的"第二次抵抗"相关，另一方面又同抗拒实体性的对象化、内在于对象的方式相连。结果，只能是"殖民地"伴随包括殖民地的结构一起被消灭。所以是无意义的。

四、质问"东亚"

再进一步来讲，重新反刍鲁迅和竹内好这两个过去的存在，以及"过时"的理论并非另有他意。其实在这里存在一个围绕"东亚"发生的基本问题。它是一个有关面对历史和现实的知识分子的认识论的习惯和态度的问题。这个问题现在不仅定位了围坐在这里的"我们自身"，而且也通过过去的历史持续地显现了我们自身。简言之，是一个"自己和他者"的问题。

如果谈起支持我的主张的最初的直观形态的话，那是一种没有自身便不可能同他者相遇的东西……高桥说自我的创造是同他者的相遇，我认为没有自己的基础上是不能同他者相遇的……从自身出发的思想是指一种将不依靠存在于外在的任何一种思想视为本质的思想，但如果要将自身树立为一种思想的话，那一瞬间，依靠"自我"这个他者所支撑的思想之路一旦歪曲的话，便会成为其人气大降的原因。(《战后后论》)

　　这是加藤整理的结构。加藤的结构分明是二元对立的。这种对立是对两种方案的选择，即是立据于"自己＝主体"的同一性呢？还是通过"和他者的相遇"来消除了同一性的回归呢？按照加藤的主张，不依靠"给予的东西"的"自我思想"，同解构回归自我这个同一化机制的"他者的思想"可以说是相对立的。这种说法尽管有些过简，但无法否认当今的东亚知识界的基本问题框架正是在这种脉络中形成的。

　　"一种将不依靠存在于外在的任何思想视为本质的思想。"加藤的这个陈述，很容易令人联想起竹内好的"抵抗"。但是我们不能忘记竹内好的抵抗含有双重意义这个事实。抵抗之所以是抵抗的理由在于"抗拒成为自身，同时也抗拒成为自身以外的东西"。抗拒"给予的东西"意味着抗拒"已有的东西"。所以，如果说"自己的思想"是树立自己的思想源泉的话，那时的"自己"必然会被实体化。持续一个实体化的自我就等于扩张自我和排斥（压制）他者。

　　按照加藤的主张，由于日本的"和平宪法"是外部强行"给予的东西"，所以即便是现在，日本自身也应该自觉地进行选择。这种立场正是所谓"自己的思想"。这种想法是以"战败—被占领"

为据来对日本进行的想象。也就是说，将自己放在受害者、奴隶的位置上，要求日本形成一种自觉的主体。但是这里存在一个致命性的盲点。因为这里缺少了竹内好所说的"第二个层次上的抵抗"，即缺少了一个"抵抗忘却自己是奴隶的"的契机。自认为是主人的奴隶的"自我否定"是不可能在缺少对殖民统治和侵略战争的反省的情况下实现的。所以，加藤的想法很大程度上可以归结为奴隶意识的再生产。

但这并不意味着赞同在殖民地立场上批判"日本帝国"的压制性机制的方式。我有一种个人的感受，每当听到日本的批判知识分子所发出的"谢罪"和"反省"的声音时，便感到惶恐。如此说并不是因为这种谢罪行为是错误的，而是因为其中很难寻求一种"抵抗"的契机。战后竹内好试用国民文学和民族主义来唤起的日本的"独立"——从正面涉及了日本的"殖民"问题，同时以第二次抵抗的契机将日本的侵略和殖民地统治问题纳入了日本内部问题。为此，殖民地只能成为"内在的他者"。如果在这种条件下的话，像第三者视点那样的安定位置，即在状况之外的批判是难以成立的。因为在自己批判的对象之中包含了自己自身。

如果只将受害者（奴隶）以前是受害者（奴隶）这个事实视为自己正当性的根据的话，是无法同第二个层次上的抵抗契机相遇的。后殖民性或克服殖民性分明是东亚内部的当务之急。但是，这并不是一个靠日本真心谢罪或者反省就能得到解决的问题。可以说，受害者的受害经历才是真正的根源性难题。简言之，韩国的"民族主义"将自身的受害经历和记忆作为自己的正当性的根据而反复生产。因为如果将曾为受害者（殖民地）的经历作为根据的话，则对加害者总是可以处于一个优越的位置上。

从这一点上，大部分韩国的东亚论实际上只不过是民族主义的策略之一而已。例如，向日本发出的最典型的反应为对霸权主义或侵略主义的忧虑。这种想法根源来自韩国的殖民地经历意识。那是一个除了韩国的民主主义之外、对所有的外在势力都可加以批判的稳定的位置。没有抵抗、只依靠于抵抗的"记忆"或者受害的"记忆"中。没有内在的动摇，只有外在的环境。

韩国的民族主义是受害者带着对于加害者的道德优越感，并将其作为自己正当性的依据而生产出来的。但是这种正当性只能在加害者对受害者的关系之中得到确保，是不具普遍性的。民族主义只想活在自己是受害者的记忆中。其结果为，对于不能回顾为"殖民地—受害者"的源泉的问题，他们则不予面对。我认为，正是这种受害者被缠在受害的记忆中、不愿摆脱加害对受害的结构的想法，才是反复生产殖民性结构的核心要素。

通过"东亚"，应该真正质问的课题是，不依靠受害者（加害者）受害（加害）的经历、跨越加害对受害结构的方法究竟为何？前面也已论证过，日本应该将自身既是半殖民地又在统治殖民地的逆说性条件视为思想的课题。如果日本能够将自身的内部结构构筑为互相不可表象的不对称关系的话，将"受害的记忆"再生产为正当性的根据的韩国民族主义的内部效果就会被瓦解。对表象的不可交换性或不可横穿性的强调正是出于此意。

这里，有必要重复一下"双重抵抗"的意义。所谓的抵抗基本上是在同比自身更大的力量（规模）的对抗中进行的。按照竹内好的观点来看，由于胜利者＝欧美，亚洲基本上是在抵抗的条件中形成并流动的。当然，重重叠叠地形成了亚洲内部的相互关系以及不亚于其关系的复杂的抵抗条件。在这种脉络下，有必要强调的是，它并非一个可以实现"东亚"的表象或者交换位置的"同质性的时空间"。这是一个在已有的力量和大小中运行的非对称关系的时空间。如果这种上下秩序和非对称关系是一种"局限性"的话，那么，不管是从何处起始，首先都要从这种"局限性"出发。

我认为所谓文学即便是有局限性的，但依然是一种可以看到无限的方式。接触到无限的时候，人们才会真正同认为有必要打破现有局限性的他者的思想正面对立……也就是说，人不管处于何种过失之中，如果不以身处与此的事实为基础、由此而达到一种真实的话，那么思索又有何意义。

所谓人，不论在何种局限性当中也能同无限相遇。不管处于哪种局限性，都具有说"我没关系"的权利。（《战后后论》）

在这里，我们不得不承认"从局限性出发"的感觉。在"认同局限性"的立场的对立点上，存在一种从其出发点开始、通过引入无限从而阻碍返回同一性的"他者的思想"。所谓"他者的思想"，在意味着同一性的本质或设定实体时，可以被解释为，通过引入"无界限"——"无限的生成和无限变异的能力"而消除同一性根据的倾向。但是不论是"自己的思想"还是"他者的思想"最终在"无界限"的普遍主义（尽管并非恰当的名称）上是相同的。

作为不同思想的"他者的思想"从解构一切同一性根据这一点上来说是具有普遍主义性的。它在认同"处于局限当中"的"自己的思想"会实现同"无限"相遇的飞跃时，是具有普遍主义的。但"从局限性出发"这种说法是以力量（大小）所造成的力关系的质的差异为前提的。这种说法也意味着存在强者对弱者的结构。强者的一方在对弱者使劲的时候是不存在"抵抗"的。而弱者尽管力量相对薄弱，但只有在面对强者的时候才可以称作"抵抗"。

双重的抵抗文脉之中，引入的对资本主义的一般或者现代性的一般的批判只是抽象的东西而已。所谓抵抗的伦理，是通过力量、规模小的一方进入到大的一方内部而得到的。因为"所谓人不管在什么局限性下都能同无限相遇"，所以"不管处于哪种局限性，都具有说'我没关系'的权利"这种主张会随着说话的主体、说话的对象，以及说话的场景而发生不同的含义。就连这种普遍主义的陈述也要放在"局限性"当中考察。

尽管加害者的后孙们享受到了上一代的加害行为所带来的果实，但也可以说"我没关系（和我并无关系）"；尽管受害者的后孙们失去了果实，但也可以说"我没关系"。而这两种说法的含义却大相径庭。前者是对应该追究的东西进行回避的行为，而后者则是对可追的东西不追究，或者采取另外的追究法来解脱加害对受害的结构。后者意味着从被给予的加害对受害的关系中解脱出来，从而向一种用此关系不能替代的更广阔的世界的行进。这种行进的伦理性需要从弱者处产生。

加害对受害的当事者们的情况则又有所不同。在东亚，加害对受害基本上形成了一个重叠的连锁结构。从这种复杂的、重叠的结构中只抽象出单一的关系是不可的。应该据此而行，以受害者的双重抵抗为据（双重抵抗从不能对象化这一点上来说是一种内在关系的结构），将加害对受害的关系推入更大的结构之中，只有这样才能彻底瓦解加害对受害的结构。因此，伦理的正当性总是从弱者、失败者、奴隶这一方生成，总是在不执着于受害的经验和记忆的前提下才得以成立。

对东亚的质问不也是如此吗？一种处于社会历史少数者的位置上，对从外部"给予的东西"进行的不断抗拒；一个以不平等结构造成的局限性为根据，但只能通过其局限性才能达到瓦解结构的艰苦斗争过程；一个抗拒实体化，通过内在于流动的现实中才能获得的批判性的契机。

使鲁迅这样的人物得以诞生的，一定是以激烈的抵抗为条件的社会。只有在欧洲历史学家所谓的亚洲之停滞，也即日本的进步历史学家所称的亚洲之停滞（！）的社会中才能诞生鲁迅这样的类型。……当所有通向进步的道路都被封闭了，所有新的希望都被粉碎了的时候，才能积淀起鲁迅那样的人格吧。不是旧的东西变成新的，而是旧的东西就以他旧的面貌而承担新的使命——只有在这样一种极限条件下才能产生这样的人格。[1]（竹内好:《中国的现代和日本的现代》）

（2007 年韩国成均馆大学大同学术研究员
"东亚国际学术论坛"论文集）

---

[1] 译文引自《近代的超克》，第 209 页。——译者注

任佑卿

中国内部的东亚文化

"甜蜜蜜，你笑得甜蜜蜜……"

这是在电影《甜蜜蜜》里，张曼玉和黎明一起骑自行车时唱的歌。歌曲和两个贫穷但又充满希望的主人公天真烂漫的表情，一起给观众留下了深刻的印象。如果看过电影，估计无人不晓这首歌是台湾女歌手邓丽君所唱的《甜蜜蜜》。但却很少有人知道邓丽君正是打开中国大陆大众文化的偶像时代的鼻祖。

1949 年新中国成立后，社会主义中国的所有文化都被要求要暴露旧社会的黑暗并歌颂人民的英雄斗争和革命胜利，为新社会主义的祖国建设服务。特别是"文化大革命"时期，所有一切都只能从阶级斗争的观点上衡量，包括爱情在内的个人感情都被纳入为阶级斗争的热情中。甚至连情书都是以"致同志"开始并以"革命的敬礼"结束，这种情况下根本不可能存在歌唱"男女相悦之事"的大众歌谣。

但由革命和阶级斗争叙事的多种通俗变奏构成的社会主义大众文化，随着 1978 年改革开放开始和市场经济的推进而开始发生变化，其变化的象征就是邓丽君。正如她娇媚的歌声被批评为颓废唱腔那样，对于那些只知道唱像口号一样的革命歌曲的人们来说，这足以带来新鲜的冲击。邓丽君的歌曲象征着压抑释放的时代、"恋爱的时代"还有另一种大众文化时代的到来。

不仅如此，从邓丽君象征性地表现出中国香港、中国台湾以及日本、韩国等东亚大众文化在新的中国大陆大众文化的形成过程里所起到的作用这一点来看，意义非常深远。特别是中国香港和中国台湾的大众文化在大陆向市场经济的转换过程中一直承担着大部分中国大众的文化需求。20 世纪 80 年代以来，很多电影、电视剧、大众歌曲纷纷积极进驻大陆，像邓丽君那样给大陆的大众留下了深刻的印象。其结果是，虽然现在香港、台湾和大陆间的政治矛盾依然存在，但在大众文化领域里已达到一致，甚至已到了难以区分"内外"的程度。再加上，其范围也逐渐扩大到东南亚华侨文化圈。东亚华侨世界在未来也会作为最有力推动中国大众文化生产和消费的一个力量来发挥作用，这是毋庸置疑的。

更有意思的是在中国的日本和韩国的大众文化。日本大众文化被首先介绍到中国是在 1978 年，比韩国早二十多年。1978年电影《望乡》（又称 *Sandakan House No.8*——山打根八番娼馆）上映后，"颓废争论"甚嚣尘上，而且在同年《追捕》上映后，男主角高仓健开始被推崇为具有男性气质的典型。1982 年首次播放的电视剧《血疑》获得超高人气，一举将女主角山口百惠打造成为超级巨星。不仅如此，跟随剧中女主角的时尚装扮，幸子发型和幸子衬衫等时尚元素立即备受追捧。电视动画片也以1983 年播放的《森林大帝》为首，每年都在增加数量。

像这样至少到 20 世纪 90 年代中后期，日本大众文化作为除华侨圈以外唯一的东亚大众文化，一直占据着中国大众文化相当大的一部分。如果考虑到 2005 年中国反日示威的激烈程度，甚至会让人一下子很难接受这样的中国这么早并且这么容易地就接受了日本文化。但如果从社会主义国际主义层面上来看，这也不难理解。即虽然日本帝国主义应当受到谴责，但日本人民与中国人民一样，都是日本帝国主义的受害者，因而彼此可以相通。1972 年，中国可以这么早就与日本建交也是得益于这样的逻辑。但随着市场经济走上轨道，社会主义国际主义也逐渐让位于民族主义。

如此 20 世纪 90 年代以来，随着民族主义强化，中国已深化的反日情绪相反却成为明显减少对日本大众文化的消费和接受的重要因素。此时填充这个空白的是韩国大众文化，就是所谓的"韩流"。与日本相比，韩国大众文化可以比较安全地消费。笔者认为，"韩流"大约是随着 1996 年、1997 年南星（音）集团 HOT 进驻中国以及电视剧《爱情是什么》的播放开始的。2005 年通过电视剧《大长今》的播放，"韩流"达到顶峰，实现了质的飞跃。《大长今》使"韩流"的消费者扩大到精英领域，将大众关心的领域扩大到饮食、韩服等韩国文化和日常消费生活。甚至中国电视业界公然表示《大长今》是中国电视剧应追求的最理想模式。

顶峰也就意味着随即开始走下坡路。《大长今》以后，中国内部对要保护和培植本国文化产业的反省之声逐渐高涨，甚至正表现出"反韩流"的征兆。但中国央视国际频道在叫作"国际在线"网站的"娱乐"板块里作为一部分特别开设了"韩流"房间，这表现出中国对韩国大众文化的关注和需求依然很多。像这样，"韩流"可以吸引中国大众首先是因为突出的可观性和细腻简练的叙事技术。但更重要的是在于其内容的规范性。现在中国社会主义的集体秩序正在发生改变，走向由个人和家庭负责的社会。在这里，单纯的恋爱和以家庭为中心的韩剧正成为使人们发现新关系的规范性并受到教育的重要渠道。

曾一度被冷战阻隔的东亚各国至今才算是通过大众文化打下了可以互相理解和扩大交流的广泛基础。但却很难保证其未来有多乐观。因为最终主导大众文化趋势的核心是资本。再加上各国政府将文化理解为国力并积极支援文化产业，在这种情况下，大众文化会更自然地催生出民族主义，十之八九会成为大众散布的重要机制。中国政府将"韩流"视为韩国政府推行文化支援政策的成果，正在努力从国家层面上制定振兴中国文化产业的对策，这如实显示出资本和国家、民族主义相结合的特征。

另外，中国年轻人通过网络几乎可以实时消费韩国或日本的大众文化。在这一点上，可以期待网络成为豁然改变大众文化中的东亚或者东亚大众文化的版图的强势媒体。但与此同时，网络也是产生大量各国民族主义的最强势媒体，甚至正作为民族国家间象征性战争的场所，这也是无法否认的事实。通过大众文化来设想新东亚并不是很乐观的原因也在于此。

附录：宋承宪与连接亚洲的大众文化

不久前在中国湖南卫视的一个知名娱乐节目中偶然听到了一首叫作《我不是……宋承宪》的歌曲，当时我十分惊讶。歌词大致如下 [1]：

---

[1] 该歌为新人组合张起政、颜学迁新歌《我不是……宋承宪》——译者注

（政／迁）

你要我含情脉脉对你说出 SA LANG HE

常埋怨我们之间缺少韩剧的画面

（迁／政）

你要我一整天背着你赤脚走海边

命令我每一天只吃韩国泡面

（政／迁／合／PERFORMING CLUB）

我不是 宋承宪

不懂生死不渝的誓言

我喜欢用简单字眼叙述对你的迷恋

我不是 宋承宪

不懂制造煽情生死恋

我只能用仅有呼吸换你快乐 每一天

（政）

亲爱的女孩 我不是偶像派

要明白 实力比较吃得开

（迁）

我的爱 轻松自在

请把心敞开 你会发掘其实我也不赖

（政）

这里虽然不可能有凄美雪景出现

但我会给你最灿烂的夏天

（迁）

我会拼尽全力给你最温馨的体贴

守护着你身边期限是一万年

我听到这首歌不由自主地竖起了耳朵，因为中国歌曲的题目中插进了韩国明星的名字的确让人感到新奇，而且这个歌曲能够上市也充分说明了韩国电视剧已经在该地区完全"本土化"了。这首歌中宋承宪成了韩国电视剧的代名词，同时也成了一种典型恋爱方式的代名词。而且，这些名词在歌词中已经到了强调"不是"的程度，说明其所在的社会语境已经充分接受且尝试重新对其解释。

更有意思的是主唱这首歌的歌手组合是马来西亚华裔。试想，马来西亚国籍的华裔以一首讲述韩国电视剧的歌曲在台湾发行唱片，而如今我们却在大陆听这首歌曲！也许因为"宋承宪"这个名字这首歌也可以在韩国一炮打响。如今，可以说"宋承宪"这一文化符号跨越了国境将东亚大众连为一体，正在东亚创造一个新的大众性身份。犹如早稻田大学社会学教授岩郑功一所说，大众文化正在将亚洲连为一体，但它究竟能多大程度地跨过资本和国家主义的界限创造出一个互惠互利的空间呢？这一点值得我们关注与期待！

相关书籍介绍：

岩郑功一：《连接亚洲的大众文化》，（另一种文化出版社，2004）

该书分析了日本大众文化和亚洲的相遇。该书讲述后"冷战"时代在亚洲各地受青睐的日本电视剧和大众音乐以及日本地区消费的亚洲大众文化为中心，阐明了全球化时代亚洲各地区新形成的各种现代性与日本大众文化新的相遇所产生的结果。

白元淡：《东亚的文化选择，韩流》（pentagram，2004）

该书分析了韩国大众文化的流行，即"韩流"与东亚的相遇过程。作者对"韩流"的实体及持续可能性采取了完全的反省态度，但同时也关注到"韩流"在韩国社会及东亚所激起的千层浪，同时也发现了韩流成为东亚沟通的文化桥梁。

金贤美（音）：《全球化时代的文化翻译：跨越性别、人种、阶层的界线》，（另一种文化出版社，2005）

该书将韩国社会吸收各国文化的现象和韩国人向海外的移动等全球化时代日新月异的韩国社会解读为"文化翻译"概念。作者分析了外购人居住区、多国性企业、女性工人、移民女性明星、2002年世界杯、日本大众文化与"韩流"的亚洲消费等事例，得出结论韩国也应该从一贯的本国文化中心主义中解放出来、培养与异质文化"协商"的能力。

东亚的现在与未来

郑在书

迈向东亚之路
——制作中日韩文化遗传基因版图的意义和方案

一、序言：迈向东亚之路

> 噫吁嚱，
> 危乎高哉。
> 蜀道之难难于上青天。

迈向东亚共同体的路很艰难。那是一条比李白曾吟诵的蜀道更为艰难的道路。近代以来，我们曾为重新找回这条遗失之路而殚精竭虑。曾走过自认为的正确道路，也曾因走错路而饱受艰辛。为了寻求正确的道路，这其中的心酸路程尽含在所谓的"东亚话语"之中。

从史前时代开始，朝鲜半岛、日本列岛等东亚地区通过种族迁移、文化交流等，彼此建立了密切的关系。这种关系在稻作农业的传入、工具样式的相同性、神话题材的类似性等诸多方面得以验证。自春秋战国开始，东亚地区间的交流开始日益频繁。到了汉代，战争、贸易促使地区间交流达到高潮阶段。汉代是中国种族和文化的整体性得以确立的时期。在当时所形成的汉文学和儒教就是以汉学、汉文化为名称，对周边国家产生了长久的影响。魏晋南北朝时期，从汉民族政权的立场来看可谓是混乱的，但事实上，这正是大陆与周边地区、东亚诸多民族之间频繁交流文化融合的时期。到了唐朝，东亚各国、各民族间的政治文化交流到达了一个高潮。唐朝在魏晋南北朝以来文化和民族混乱的基础上，提出开放和包容的政策，实现了所谓"中国主导世界秩序"的盛世。首都长安作为国际都市聚居着诸多民族。长安的都市模型被原样照搬到新罗的庆州、渤海的上京和日本的平城京等地。这一时期跨国界、多民族的状况，可以称得上是当今世界化现象的先驱。那个时代真正验证了冯·皮尔森（C. A. Van Peursen）所说的"文化是一个动词"这句话。

宋代之后，东亚诸国从唐代的繁荣交流，进入了相对疏远的状态。尽管如此，以朱子学为核心的儒教传播到韩国、日本、越南等地，起到了共同意识形态的支配作用。不同于儒释道三教均衡发展的唐代，宋代以后的中国，无法摆脱独尊儒术的体制，丧失了思想和文化的开放性和灵活性。其结果是，到了近代无法果断地应对西方列强的挑衅和侵略，逐渐沦落下去。韩国曾是教条式的儒教王国，它丧失了国家政权，陷入更加悲惨的境地。但众所周知，相比于中国、韩国，佛教、儒教、土著思想等在日本尚有交流的余地，日本在经历了"兰学"之后，顺利地接纳了西方文明，较早地成功实现现代化。

从史前时代开始，长期共享历史经验和文化财产的东亚诸国，近代以后在强大外力下被撕裂，走上了不同的生存之路。日本打出"脱亚入欧"的标语，发布所谓与"亚洲恶友们"的绝交宣言，打破了过去东亚"天朝体制"的内部秩序，中国也丧失了对于越南等国的宗主国地位。这意味着东亚诸国走进了崭新的斗争中去。从此，东亚诸国在世界体制的循环结构中几经沉浮，跨越近代的惊涛骇浪走到现在。"二战"结束之后，世界处于美苏大国主导的冷战体制之下。苏联解体之后，美国试图称霸世界，但由于欧盟的结合与中国、印度的崛起、东亚经济的腾飞，世界向多极化体制发展。在此过程中，世界化和地域化成为必然的趋势。所谓"东亚话语"就是在全球地区化时代寻求摆脱强国的统治、实现力量均匀化、体现多元体制、拂拭一国主义、结成政治经济文化的联合、追求东亚地区共同体而出现的。

二、东亚话语的里程

从狭义上讲，东亚话语与之前所讲的一样，是全球地区化时代多极体制目标的产物。从广义上讲，是以东亚联合为目标的讨论，在过去与之相关的主张被多次提及。如在"二战"太平洋战场，日本帝国曾以抵抗欧美列强为名，提倡"大东亚共荣论"。"皇国史观"这种主张非但没有实现共荣，反而令东亚诸国遭受更沉痛的伤害，留下了绝对无法接纳一国霸权主义的教训。20世纪70年代之后，像日本一样，韩国、新加坡、中国台湾等东亚诸国和地区的经济发展得到振兴。西方学者和在美华侨学者提出了"儒教资本主义论"，作为东亚发展假说备受关注。因具有对资本主义过分自信和中华思想再现等嫌疑，所以并未上升到超越国民国家界限的方案。

20世纪90年代之后，韩国国内展开了一场对既存的一国中心东亚讨论。在政治、经济、社会、文化等多种层面上展开东亚话语。比如，人文科学领域季刊《创作与批评》和《想象》《东亚文化与思想》团队，社会科学领域季刊《传统与现代》和韩白研究财团团队等参加了积极的讨论。其中，《创作与批评》和《想象》团队从一开始就积极地主导话语。他们的主张如下：《创作与批评》团队曾在白乐晴提出的民族文学论的基调上展开讨论。他们通过克服后近代和近代、跨越资本主义、在创造对策文明和对策体制的主旨中计划东亚的融合。之后，分析近代至今的历史和政局成为其讨论的中心。在此过程中，各种社会学科的观点被重点援引。与之相反，《想象》团队从一开始就不标榜东亚的融合，而是以史为鉴，一边小心翼翼地站在政治、经济融合的立场，一边站在为东亚融合的微观角度上先行确认文化共性的立场。通过所谓的"正确看待东亚文化"运动，在探索东亚传统文化价值的同时，站在"周边文化论"的立场上批判西方对东方学的偏见以及东亚内部的华夷论观点等。

进入 21 世纪，大部分团队解体，但东亚话语中创批团队主导的影响仍挥之不去。但是 21 世纪之后创批团队的东亚谈话出现了值得注意的变化。中国作为东亚的重要一员，过去关于它的政治脚步和国际社会的作用多少有些理想化倾向，我们应该摆脱这种思想束缚，批判地去看待。进入 21 世纪，随着与中国在历史问题、文化冲突等问题上的摩擦变得表面化，我们作为周边国开始无法忽视政治以及文化认同性的问题。这让从不被注目的东亚内部强大国（中国、日本）和周边国以及周边种族（包括海外移民）之间的紧张和矛盾问题的认识不断扩散或深化，或者一边深化一边采取让强大国相对化的脱中心战略。在此过程，展开了所谓"从周边看东亚"的讨论。于是产生了通过"重新树立周边的认同……挖掘被压迫的多元主体的声音"计划"克服东亚论的国家主义"的"周边的观点",由此可见创批团队的东亚话语比起之前更具备内部密度。

三、向东亚共同体迈进的捷径——探索共有文化

目前,一览韩国内外所提出的有关东亚话语的主要内容,我不由想到所有希求东亚共同体的讨论之中普遍存在对共有文化的认识。无论在人文学科还是社会科学方面的讨论都有共同的倾向,不用说儒教资本主义论,《传统与现代》《东亚文化和思想》团队也把重点放在儒教文化上,《想象》团队在神话、道教、传统小说等古典叙事和想象力上进行探究。创批团队虽然没有明确地指明哪种文化,但肯定了"某些可以说是传统文化遗产或历史持续的特定区域交流等实体"的存在。这种认识所带给我们的启示就是,作为东亚共同体在谋求发展问题上,选择什么方法才是最有效直接的。这是一项形成文化共识的工作。当然,从最近与中国、日本在历史问题和文化冲突上可以看出,文化并非不存在被政治化、意识形态化的威胁。思及过往之事,比起追求政治、经济的共同体,更易达成情感上的共鸣,陷入本国中心主义的可能性相对较低。

但是对比 20 世纪 90 年代之后展开的积极谈话局面,微观上确认文化统一性的工作成果并不大。现在最强力触动东亚共同体的智囊团是《创作与批评》团队,其中成员几乎由近现代史或者近现代文学专家构成。东亚话语在近代之后关注点正集中在事件上,政治、经济等社会科学观点的依存度提高。就像"文明的遗

产"方面，虽然强调创造性地活用传统文化，但事实上，并不只是一纸空谈。

除去儒教，如果挑选其他团队在共有文化的观点进行有益探索的事例，便是《想象》团队"正确看东亚文化"运动中关于东亚叙事的传统特性和对现代接纳的讨论。对于这一方面的讨论，即使在该团队解体之后，成员们在文化产业、创作、批评等领域仍在试图接纳或确认东亚传统的叙事性。

就在各个团队对东亚共有文化的探索止步于宣言或停滞，甚至出现空谈时，李御宁从实证和微观的角度，通过对共有文化的探索实践，先驱性地迈出东亚文化共同体的脚步。李御宁认识到通过政治、经济的理念，以文明与文化为基础将曾经两极化的世界改变成一个多元的世界格局。在这种认识下，通过阅读中日韩三国的文化符号，构建共同的语言、想象力、思维的语法，达到构建东亚共有文化基础的目的。为此，通过实践，比较价值中立和历史共享的具体对象物的象征和意象，对其中的共性与异性进行了解。第一项工作就是"通过'四君子'和'岁寒三友'分析中日韩文化符号"，其结果是 2006 年出版了与梅、兰、竹、菊、松相关的五本书。第二项对于天干十二支分析的工作，正在以李御宁为主导的中日韩比较文化研究所进行。

李御宁的这些计划具有以下三个重要意义。第一，追求东亚文化共同体，不仅局限在宣言和话语层面，而在于微观地确认和检验实际的可能性和有效性。第二，没有从连定义文化同一性范围都暧昧的东亚着手，与定义一个韩中日形成的文化共同体相比，他从现实化的角度接近东亚。第三，文化基因或文化符码概念的导入，用摆脱文化同一性的抽象性，较为明显地区别相同与不同。

同时，这些概念不仅能清楚地掌握中日韩文化的同一性，而且在量化和公式化也大有裨益。

四、中日韩文化基因地图制作的意义和方案

建立东亚文化共同体的先决性课题，是对中日韩共有文化的探索。这可以比作是制作中日韩共有文化基因地图。在东亚由兴起到联合的过程中，这项工作作为最重要的文化实践，主要具有以下两个意义。

第一，从东亚文化与世界文化的关系来看，这项工作不仅能够保证东亚的文化整体性，而且为单一化的世界文化赋予多样性的契机。近代以来，世界文化以西方文化中心进行重组。随着世界化进程的加速，东亚地区的文化整体性正逐渐被削弱。这种现象在我们认为的自由想象力的世界中也不能排除。例如，如今青少年认为龙是邪恶的怪物而非吉祥的象征。他们即使相信人鱼小姐的存在，也不愿相信存在着人鱼大叔。象征的乖乱是文化整体性丧失的征兆，想象力的颠倒现象不只存在于青少年。希腊罗马神话称霸着想象力的标准。俄狄浦斯情结（Oedipus Complex）是着眼于特定区域神话题材，却作为无差别说明的普遍机制横行于全世界的文化现象。与地中海沿岸民族不同，东亚民族的神话几乎不表现谋杀亲父的意识。我们的实际情况是忽视了文化土壤的差异，使用了在特定文化中形成的传家宝刀。弗洛伊德（S. Freud）作为东亚人接触东亚神话的话，还能不能创造出俄狄浦斯情结？为什么我们无法以东亚文化为基础，产生能够像俄狄浦斯情结一样说明自己神话的框架？如果东亚文化遗传基因制作成

功，就能树立比东亚更能深层说明的假说。在此过程中，笔者的责任是确保东亚文化的整体性的同时，实现世界文化多样性。

第二，从东亚文化内部观点来看，这项工作在确认东亚诸国文化同一性的同时，通过认识到同一性中的差异，谋求东亚诸民族间的理解，为达到真正意义上的联合。真正的联合并不是无条件坚守同一性和抑制差异性，而是在确认同一性的同时具有理解和包含差异性的心态。最近网络很火的中韩文化矛盾，就是因为只着眼于同一性，而忽略了差异性的问题。如围绕端午节归属问题的争论。只着眼于表面的同一性，端午节发源于中国，并成为东亚诸国地区的习俗。实际上韩国江陵端午祭的内容包含与中国迥异的本土文化。产生争论的原因在于无法理解同名异实的事实。草率地进行联合认识之前，要求经历东亚内部辨别性的确认，以及虚心接受他者性的互惠意识阶段。我们在制作文化基因地图的过程中，必须要经历这样的阶段。

下面思考一下制作中日韩文化基因地图的方案。事实上，中日韩比较文化研究所正在有效地推进该项事宜，所以本文将展示目前工作中采用的方案。

第一，和意识形态、思想等宏观内容的抽象性相比，比较实际生活中的具体事物则更为有效。李御宁在提取文化基因上，首先关注的是价值中立和历史共享的具体对象。从微观方面来看，李御宁的这些方案十分符合确认东亚各国文化同一性和差异性的目的。同时，关于具体对象物的选定，我们需要参考东亚的事务分类法。《太平广记》《太平御览》等传统类书的分类法，虽然与当今通用的林奈（Carl von Linne）西方式分类体系不同，却反映着东亚人在区分事物方面的共识。因此有助于选定与中日韩文化基因相关的具体对象。

第二，就像基因在人体内部产生作用一样，文化基因根植于文化内部规范我们的行为。人类作为能够掌握语言的动物，不仅通过叙事形成了整体性，还表达出压制的本能和欲望。因此神话、传说、民间故事等传统叙事中，根据本民族的风土和习俗，留下了传统文化的符号。如果西方广泛流传的是妖精故事（童话式的），但在涵盖中日韩的东亚文化圈却很少提及幽灵，而是神仙故事占主体。与之相反，西方民间故事几乎看不到神仙这样的字眼，与之相应的是圣子、圣女。因此神仙与西方妖精相比而言，更能成为象征东亚人深层内在本能和欲望的标志。

第三，文化基因地图这项工作，最好在大学、民间团体研究所等中立机构进行。希望中日韩三国研究所能够同心协力完成。为了不再重蹈过去失败的覆辙，需要注意不要再陷入特定的政治目标、民族主义等。为此，希望民间团体成为文化基因地图制作的主体。

五、结语：东亚人，梦想做世界人

昔李光玄者，渤海人也。少孤连气，僮仆数人，家积珠宝巨万。光玄年方弱冠，乃逐乡人，舟船往来于青社、淮浙之间，货易巡历。后却过海，遇一道人，同在舟中，朝夕与光玄言话，巡历新罗、渤海、日本诸国。光玄因谓道人曰，中国岂无好事耶，争得过海游历。道人曰，我于世上，喻若浮云，心无他事，是以过海……后至东岸下船，道人自欲游新罗渤海，告别光玄。

很久以前，有一个叫李光玄的渤海人。他虽在年幼时父母双亡，但尚有几名兄弟仆人，坐拥万贯家财。在他二十岁时，跟随老乡乘船来往于山东、浙江等地。曾在贸易往来的航海途中偶遇一位道人。两人同坐一条船，相互进行攀谈。道人说曾到新罗、渤海、日本等地。于是光玄便向道人询问，"难道在中国不好吗，为什么要过海游历？"道人回答说，"我就如这世间的浮云，心无杂物，所以过海游历……"后来到达东海岸，道人要前往新罗、渤海游历，遂与光玄道别。

　　渤海人李光玄在航海途中所遇的道人，游历新罗、渤海、日本等东亚诸国如同出入自家。根据《金液还丹百问诀》后面的内容，李光玄返唐之后，寻访天下名山，最终在嵩山落脚，自此修道一生。通过李光玄的贸易、求道之旅，道人自由游历东亚诸国等，我们可以感知到中世纪游牧民生活的另一面所掩盖着一种类似世界公民的意识。这可以称作东亚世界的公民意识之流。

　　不仅我们所熟知的慧楚、崔致远、张保皋、圆仁等著名人物，就连无名之辈也在早期道教文化的共性基础上游历四海。但近代之后，我们东亚人在侵略、冷战和矛盾中断绝往来、各自生存。

　　如今，我们的意识当然要比唐代李光玄更为自由。作为亚洲人，感受到同一世界所享有共同文化的整体感了吗？答案好像并不肯定。正如之前所讲，近代之后东亚共同文化看似被瓦解一般，其实仍然存在。中日韩三国文化基因地图制作的根据正在于此。这项工作不只唤起潜在的东亚文化同一性，还为共同体的形成奠定基石。

　　那么，我们所希望今后成立的东亚文化共同体是什么样子的呢？东亚文化共同体是在文化统一的基础上，以承认各国之间文化差异的互惠精神为根本所成立的。对欧美文化等不同的世界文化也必须坚守这样的立场。这就像过去东亚文化与欧美文化的对立一样，不能停留在所谓"东亚的东西"单方面的排他，而是承认并跨越与对方的差异性，并用世界和人类普遍的原理进行升华。之后，我们的东亚文化共同体从地区的方面出发，最终克服"东西"之间的对立，走向"到达地平线尽头……不可称作东亚文化论的东西"或者"跨越东亚，强化人类同一性的世界"。

正在向政治、经济东亚共同体迈出的脚步越来越快，欧盟也在顺利发展之际，向东亚文化共同体迈出的制作中日韩文化遗传基因地图所具有的既具体又实际的意义可谓极其重大。虽然在微不足道中开始，但的确是现在我们面临的庞大课题。

（选自《中国语文学志》第 31 辑 ）

参考文献

1.《道藏》，第 132 册，洞真部·方法类·重字号·《金液还丹百问诀》

2. 朱越利:《唐气功师百岁道人赴日考》,《世界宗教研究》（1993 年），第 3 期

3. 坂本义和:《21 世纪"东亚共同体"具有什么意义？》,《东亚再发现》（瑞南李洋球会长二十周忌追慕国际学术大会论文抄录集，2009 年 9 月 18 日）

4. 李御宁:《亚洲文明的混沌图形——中日韩三星轨道》,《论坛 21》（1995 年，秋冬号）

5. 李御宁：《发行中日韩文化符码阅读》，《菊花》（纸张世界出版社，2006 年）

6. 李御宁：《韩国文化象征辞典》（东亚出版社，1992 年）

7. 郑在书：《世界化·唐·今天的中国》，《汉语言文学》（2008 年），第 43 辑

8. 郑在书：《东亚文化，普遍价值化的问题》，《东亚研究——从写作到谈话》（生活出版社，1999 年），郑在书篇

9. 郑在书：《为了与消失的神灵们交流——东亚意象的系谱学》（文学社区，2007 年）

10. 高柄翊：《东亚诸国的相互愿望》，《东亚的传统与变容》（文学与知性社，1996 年）

11. 白永瑞：《所谓的从周边看东亚》，《从周边看东亚》（文学与知性社，2004 年），郑文吉等编著

12. 崔元植：《作为天下三分之计的东亚论》，《帝国以后的东亚》（创批，2009 年）

13. 林相先：《渤海人李光玄与其道家书检讨》（梨花女子大学：第 54 届韩国古代史学会定期发表会，2000 年，梨花女子大学）

14. Jaan Puhvel: *Comparative Mythology*（Baltimore: The Johns Hopkins University Press. 1987）.

李政勋

作为实践者的东亚，
抑或国民国家历史的彼岸

一、"相见时难别亦难"：跨越"盲目地看不起"和"Tourism"

几年前我在北京的时候有幸参加了一次中日知识界代表学者们针对各国知识界的状况和双方共同关注的事项而召开的"中日知识共同体会议"。尽管汪晖、黄平、小森阳一、高桥哲哉等中日两国批判性知识界的巨匠们都与会讨论，但整个会议还不乏一种浅易的感觉。与会者们的发言一旦越出了本国的"国境"后，便堕落成了一种无法说服对方的"自言自语"。后来，东亚知识分子们先后进行了多次类似的大大小小的会谈，但我仍然不能确信是否已经出现了一个跨越"自言自语"的、说服对方的契机。今天这个发言说不定也将会只是以认同了反复出现的沟通之难而告终，我个人依然无法摆脱这种不安的心情……

亚洲知识分子们的会谈中，势必要跟对方的论证产生冲突，对其所涉及的语境缺乏理解也不足为怪。但会谈中双方默契地对彼此漠不关心，应另当别论，这是一个涉及会谈伦理根据的问题。专业为中国、日本或者韩国的知识状况以及社会历史语境的学者之外的其他与会者们对其并不感兴趣，而对其了解的缺乏便也成了理所当然之事。所以，交流往往由现代性话语、后殖民主义等世界性通行理论为支点而展开，并以此为据来评价对方论证是否有效。为了避免前车之鉴——那种"吃吃饭，喝喝酒，参观参观旅游景点"的消费预算性会议，我们有必要首先共同思考一下如何才能使中国、日本的知识状况和韩国的知识状况真正相逢，以及是否能够真正相逢。从某种程度上来说，首先不可否认的是，按照几乎为互相"盲目地看不起"的现状来看，相互之间的沟通可能性并不乐观，反倒应该说是一种"几乎不可能"的严峻现实。

二、跨越"共谋"：普遍／特殊和外部

但是，上述的东亚知识界之间的交流最终在延长着一种对相互之间的沟通之难的觉察，而与此相反，在同西欧的相遇之中却并非此种情况。亚洲的各个国家各自同西欧相遇的方式总是同作为一种和"西方理论"为媒介的"普遍"的相遇而被接受的。大多数情况下，以西欧为"原产地"的"理论"和本国的"现实"之间两者相符或者相悖的情况都势必存在，但这种重叠或者冲突自身却很少被视作问题。本国的现实超出普遍的理论框架的时候，这种"例外"便作为一种应该包括在其中的特殊情况添加到普遍之中去，从而完成一个比普遍理论更为普遍的理论。当然，还有另外一种情况，以不符本国情况为由，拒西欧理论于千里之外的立场，但它同上述情况属大同小异，都没有走出同一个框架来。因为这种顽强的"特殊主义"将本国的情况同样化作了一个在"local 的境域"内的权威性新的普遍，只是在要求一种同西欧产的普遍并驾齐驱的权利而已，并没有真正打破那个"普遍／

特殊"的理论性框架，也没有暴露出其中的"殖民性"本质，更没有将其视为自身的任务。也就是说,这种主义并没有怀疑到"普遍"的根据所在，而是将基于本国现实上的体验或实情在一个最小的"local"境域内，在能够普及为"复仇的标准"上，停息了自己的主张。可以说这是以一种颠倒的方式保全了原先的"普遍",从而与其维持了一种微妙的共存关系。

　　但是，可以称作一种"特殊"对"另一种特殊"的关系的东亚沟通之章中，总是有一种我们所面对的"相互疏远"以及"理解至难"在已有的普遍／特殊这个结构中存在，总是在向我们启示着一些不曾被注意到的、不能被说明的问题。正是在这个支点上，我们能够发现竹内好所说的"作为方法的亚洲"所存在的问题。竹内好为了从根本上追究西欧和日本之间所设定的普遍／特殊关系，将中国也拉了进去。日本同中国这个他者相对比后，获得了不同于以往的表现自身的方式。即日本不再将自己置于"普遍"的"特殊港口"位置上，而是置于了同其他"特殊性"的关系中，从而能够体验到一种"换位可能性"。这种新的自我表现方式，能够显现束缚于普遍／特殊这个理论结构的情况下所包含的殖民性和暴力性的本质与根源。借竹内好的话来说，对于东亚败于西欧的这个事实的觉醒、不断地生产败北状况的再次觉醒能够同时出现这一"篇章"正是如此形成的。依靠"东亚"这个参照体系和创造性"方法"，来解构以前的习惯性思维，那种将各自的"国民国家的单位"只是同西欧这个普遍的尺度相联系、表现和主体化自我的思维方式，来以一种活生生的"团体性"的"个体们"来显示各自的存在。

三、东亚的视角和相互参照的可能性：后殖民话语的境遇

如果说竹内好所使用的亚洲这个方法能够总结为以上的结论的话，它在许多方面是同最近的流行话语"后殖民主义"一脉相承的。后殖民主义话语从其批判西欧对非西欧的关系中所内在的根本殖民性和理论自身的暴力性这个意义上来看的时候，同竹内好的亚洲主义存在政治的亲缘性。但问题是，后殖民主义作为一种理论其引入和流通的现象被视为问题的瞬间，便可发现它同以前的殖民性理论已经合流。通过西欧反省地吸收阿尔及利亚和印度等曾为殖民地的国家的历史经验，后殖民主义才得以成立。但是它作为以西欧为原产地的新的普遍理论在被引进、流通于东亚的过程中又重蹈了普遍 / 特殊这个理论结构，因而它便陷入了自身制造的陷阱中。在我们发现自身内部的殖民性、对其进行克服的时候，我们完全依靠西欧为我们准备的理论，作为对那个理论的普遍性的试金石而提供我们的情况。在这里出现了一个反讽：追求被殖民地的民众解放叙事的后殖民话语却在十分"殖民"地被消费。然而，能够认识到它是一个反讽的情况却十分罕见，这一点才是后殖民话语真正的两难之境。

但是针对这种状况，在确保"相互的参照体系"或作为"方法"的"东亚的视角"的情况下，东亚各国发现基于各自的不同语境、接受以及重新构筑后殖民主义话语的情况，并视其为问题的话，便会将问题梳理清楚。日本的情况为，后殖民主义作为一种对 90 年代泡沫经济以来越来越强大的右派民族主义进行批判的、作为解决殖民地侵略和战争责任问题的方法而被引进的。与

其相反，在中国，后殖民主义第一次登场是在 90 年代初、中期，后殖民主义话语是作为同西欧的霸权主义相对的中国中心主义（所谓"中华性"）的理论根据而被引进的。中国改革开放的飞速进展和飞速跻身于世界经济体制的过程中，后殖民主义被用为同中国"威胁"论相对应的、一种富有新意的"反帝国主义话语"。在日本，被用作批判极右民族主义派武器的后殖民主义，在中国却被用为对抗美国的、强化本民族中心主义的理论根据。上述情况就足以反映一言难尽的东亚复杂性。

战前日本作为一个拥有相当范围殖民地的"帝国"所具有的身份，和战败后从属于美国而发出克服"内在化的殖民性"这个要求之间形成了相当大的矛盾和错位，如果离开了日本的这种语境去理解后殖民主义在日本的引进情况观点便会偏颇无疑。理解中国也不外乎如此。如果我们将日本和中国各自的后殖民话语按照哪个更接近"原典"的标准来做评价其优劣的话，无可否认将会同后殖民的"大义"南辕北辙。

四、"方法"概念的战略化和作为"态度"的东亚

孙歌在研究竹内好亚洲观的特征时，重点考察了其中对"实体性"的否定这个方面。东亚并不是作为一个实体，而是作为一种"方法"而被定义的。竹内好对"亚洲"进行的注目，是针对像 30 年代日本"大东亚共荣圈"论、防止堕落成侵略主义的战前日本亚洲论寻找一个合理的核心理论而提出的。竹内好对战前日本亚洲话语的批判可以大体总结如下：亚洲被视为一个实体的时候，其政治性应归结为一种受侵略者的集团性防卫权主张，认

为其绝对正当的这种信念是为了动员邻邦亚洲各国参与反侵略，因而形成了一种连自身的侵略和殖民化也不假思索的自我矛盾。战前日本亚洲话语正是以对其进行合理化为据而运作的。如此看来，作为"实体"的亚洲按照一定的基准设定了自身的界线（理解关系的排他性贯彻范围）。在界线以内，排除异质性的要素而自我成立的时候，这种方式的实体化过程保证了自身的持续发展。而在同界线以外的竞争过程中，从根本上无法摆脱一种扩张的"国民国家的"目标。这种目标的设定和追求过程同追求一个超出个别国民国家的政治理想的、"作为实体的亚洲"的政治性有所不同，它从双重意义上沿袭了自身想要克服的"国民国家主义"问题。首先，它在形成一个实体的政治性亚洲的过程中，排他性地贯彻了主导国的"国民国家的"理解方式，这是其一。另外，即便是这种方式能够使亚洲实体化，对于界线以外的领域，总是贯彻了一种更广范围的"国民国家的"理解方式，从这一点上来看，它依然是在重复着一个"国民国家的"结构。

孙歌再三强调了竹内好的"方法"概念，认为在以这种方式将亚洲实体化的时候，竹内好的"方法"概念是一种能够回避"自相矛盾"的新路径。西欧这个"普遍"的镜面下反映的作为"特殊"的日本，在上述关系（主人／奴隶关系）中将自己定位于"普遍"这个位置上，而它自身所具有的欲望的最高值在这种关系中却受到了制约。结果为，日本实际上通过殖民亚洲的其他国家重新生产了一种普遍主义的暴力，所以它不可避免地在亚洲重蹈了西欧对日本的关系。竹内好的"亚洲"不是一种形成固定政治"实体"的政治目标，而是作为一种同西欧"相应的产物"，通过生产和共有"国民国家主义"，能够去除在被国民化的主体化的过程中所产生的"毒素"的、能形成一种反省的机制的理论性策划。它通过引入国民国家的界线，对于形成主体的特权化方式，假设和引入了一个更为广义的新的界线，使内部的界线相对化，它作为一种生产国民国家主义的脱特权化试验而显现出其特征来。根据韩国以及日本知识界的单方论证，强调国民国家的界线内部所展开的许多层次上的少数主体化过程、批判靠"国民国家的历史"形成的主体化以及将其相对化等方式，如果可以称为"内破"的战略的话，我们将"亚洲"这个暂定的界线设定为民族历史的上部领域，将其内部作互相的参照或对比，从而暴露各自"国民国家"的根源的方式，便可以称为一种"外散"或者"外播"的战略。孙歌通过对鲁迅的解释和战前日本的"东亚"论彻底但内在的批判，将竹内好主张的某种理论、伦理的立场，彻底制约于日本内部语境之中的竹内好的立场等，在当代现实和紧张关系中进行了主动性的分析。如果我们将她的分析中所显现的东西称为东亚的话又会如何？固然，这只是竹内好所说的"方法"的另外一种表达方式而已。我寄希望于一种新的可能性：实现那种作为伦理性"态度"的层面，从竹内好的"东亚"这个实体／方法对立结构中解脱出来，从根本上推进后殖民主义话语的问题意识。

五、喙啐同机

如果我们称击碎国民国家历史这个铜墙铁壁的过程为打破蛋壳出生的小鸡的话，将会如何？如果没有母鸡用喙在蛋壳外面画线的话，里面的小鸡啄蛋壳的行动可能就会变成徒劳。如此一来，最终的课题为是否应该将民族主义既有批判方式——在国民国家界线内进行的少数批判的立足点——同东亚的视角这个更广阔界线的暂时设定战略相结合。

对"后殖民"话语的批判性问题的设定,应该重新置于"东亚"这个共同体验的火炉之中磨炼,将其作为努力打开我们复杂现实的具体武器,虽然这是一个由引进理论到生产理论的内在性的后殖民过程,但用竹内好的话来说,对西欧要以其人之道还治其人之身,从这种生产附加价值的角度上来说,"东亚"终究不是一个暂时流行的"local"话题。并且,同当今资本以及国家(间体制)主导的光彩炫目的"跨国化运动"相比照,作为抵抗性"跨界线"方式而内在的智能资源"东亚",可以通过被再度共同思考而最终创新性地跨越国民国家界线。从这一点上来看,以 local 的方式应答跨国化也并非不可。

（登载于《中国现代文学》第 35 期,
2005 年 12 月）

白池云

东亚地区秩序的构想和
"民间联合团体"的作用

一、前言:"民间联合团体"提出的背景

　　全球化意味着资本主义跨越国界的扩张。从意识形态上讲,这既是资本主义的胜利,也是新自由主义的全球化。在东亚,全球化也为推动基层社会变化成为可能提供了空间,在这一点上具有积极意义。首先,在过去的半个世纪里,全球化对深刻影响东亚人日常生活的冷战体制带来了实质性变化。通常将 20 世纪 70年代冷战结束之后的时期称作后"冷战"时代。但东亚的情况不同,直到 80 年代末,台湾仍处于戒严状态,韩国的反共思想在政治、经济,乃至教育、文化、艺术等国民日常生活中深深扎了根。而且直到现在,美日安保条约仍发挥着作用,这也表明"冷战体系"在东亚并没有结束。90 年代初东亚各国已不存在军事政权,与冷战逻辑较量的力量虽很微弱但已初具影响。全球化给东亚带来的另外一个积极意义是,它开始打破在各国民主国家建设过程中长达半个世纪以来被神圣化的民族主义壁垒。这与东亚各国民主化力量的成长有关。东亚的民主化在历史上与"冷战体系"关系紧密,所以"冷战"结束后大规模地兴起对独裁和暴力历史的

纠正运动。同时认识到，在这一过程中各国歪曲的历史和现在的矛盾状况并非一国层面的问题，为了解决这一问题，需要跨越国界的团结和实践。例如，最早与历史清算有关且跨越国界的民间联合运动是 1990 年 11 月为解决日军慰安妇而成立的"韩国挺身队问题对策协议会"。这是女性是否能够超越国籍差异而联合这一问题首次抬头。像这样围绕战争损失和历史清算，战争加害国和受害国一同参与的民间联合运动在进行的同时，民族主义问题成为重要的议题。超越国界的民间层面的联合活动为认真回顾和讨论东亚国家间的民族主义问题提供了契机。

通过日本"新教科书问题"可以得知，仅看东北亚三国之情况似乎很难解决民族问题。显然，日本政府的右倾化正引起了邻国的反感，高速发展的中国也让周边国家因担心过去中华主义的复活而气氛紧张。正如胡梅雷迪思贞恩（Meredith Jung-En Woo）所说，想要铲除给 20 世纪带来巨大悲伤和痛苦的民族主义，这一苦心决断的核心在于欧盟。相反，在东亚，民族主义的生命还没有终结。当然不能把东亚区域联合的障碍因素简单地抽象化为民族主义。为什么民族主义在东亚依然存在，这与让各国国民不断地想起民族主义所构造的东亚特定的地缘政治学状况有关。

追溯来看，虽然东亚的民族主义始于外来势力的殖民地历史，根植于半个世纪的冷战和反共体制，并在处于后"冷战"时代的今天仍不为人知地持续存在。在东亚处于持续冷战体制这一格局中心的是美国。旅日朝鲜学者姜尚中批判性地指出美国的霸权主义和日本的军国主义化是威胁东北亚的两大要素，并且主张为了实现日本和东亚经济的再次繁荣，应打破美日两极格局。韩国卢武铉政府倡导"东北亚时代"时，保守派阵营（为了牵制亲美派）将其解释为亲中倾向的登场，也从反面证明了这一点。实质上，欧盟是意在与美国压倒式力量相抗衡而推进的。在东亚，东南亚国家联盟的开展可以说与之如出一辙。这样的潮流，能否有效地对应美国对东亚的介入和中日的强大是此后值得关注的事情。目前，东亚为了在以美国为中心的霸权格局中谋求生存，在国家层面上正在积极构建地域共同体。但是，不能期待仅通过构建地域共同体而实现东亚真正的联合。不管各国的民主化进展和制度确立程度，东亚各国大都维护着国家基本的体制，根据利害关系来缔结外交关系。现在美国的影响力深深植根于东亚各国内部，在这样的格局中不可能通过国家来实现完美的民主化。因此，相对而言，需要发挥具有自觉从国家角度出发的市民和民间团体的作用。

回首韩国社会的经验，民主化运动的进展所得出的教训是：韩国过去经历的以及现在正在经历的痛苦单纯通过本国内部对政府斗争是无法解决的。如慰安妇问题、基地村问题等女权运动过程中暴露的是韩国女性斗争的对象不仅仅是韩国政府，还有日本政府与美国政府。这样的受害者并非仅仅是韩国女性。过去的清算问题、环境问题、移民劳工问题也同样如此。通过韩国的经验得知，各国内部的民主化运动为了达到完成阶段就必须把视线转到东亚领域。

在东亚，关于民间联合团体讨论的可行性背景，随着各国民主化程度的逐渐成熟，市民运动的领域也逐渐扩大。在韩国，总选市民联合组织的落荐、落选运动拥有强大的力量，在2000年、2004年连续两届使登上落选者名单的大部分候选者落选。涉及女性、劳动者、农民、环境等多个领域的市民运动在政治上发挥着实质性的作用。同样在日本，20世纪60年代形成了以劳动运动和学生运动为基础，范围涵盖生活文化的市民运动。在中国，虽然市民社会性质本身存在着争议，但难以否认的是与政府相比，相对自由的民间团体活动正在不断地增加。

当然，各国的民间运动在性质上是有差异的。在韩国，与立足于日常生活和地域社会中的草根运动相比，形成了以中央政治批判型社会运动为中心的民间运动，所以面临的挑战是应促进创造新文化价值和规范的"生活的政治"运动。在日本，20世纪70年代劳动、学生运动处于迅速衰退，同时有人指出，市民运动埋没于区域问题，在国家问题、普遍问题上推动力微弱。因此需要充分考虑各国民间团体的差异，探讨联合的实际状况和前景。

本文旨在通过分析20世纪90年代以后积极开展的东亚区域内的民间运动事例，探索构建东亚共同体中民间力量的潜能，并对当地状况进行分析评判。事实上在高速发展的全球化进程中，领土纷争、历史清算、环境教育等区域问题反而变得更加全面化。但是区域问题只有通过超越国界的思考方式才能得以解决。本文中虽有体现，但并不是通过国家单位而是通过社会各层的民间单位的联合活动持续发挥潜力作用。

二. 事例：东亚民间联合运动的实际情况

从20世纪90年代开始东亚地区出现了各种民间的联合活动。民间联合的活跃现象是伴随80年代以来国际社会的变化产生的，同时也是东亚各国民主化程度提高的产物。东亚国民国家大部分都是在对美关系为中心的秩序当中诞生的，过去的历史中对追求民主化的东亚民众进行大量屠杀和压制的行为也与这种结构秩序一脉相承，当我们考虑到这两点的时候，可以说出现各国民主化运动带动了东亚民间联合网络这一结果也就显得十分顺理成章了，而且这种民间网络的成果并不局限于本国民主化的完成。从下面的事例分析中也可以看出，民间联合现象在跨越国境、确认共同经验的过程当中能够究明各国社会的各种矛盾，而且能够进一步探索具体的实践性对策。

事例 1 东亚和平与历史教育联合（教科书运动本部）

中日韩三国合编历史教科书

通过"东亚人权与和平联合"、韩国挺身队问题对策协议会的活动确认，东亚联合的重要意义在于通过周边国家的联合重新认知本国的历史。具体而言，从 20 世纪 80 年代中期开始通过此类活动将慰安妇问题以及侵略案件收录到日本教科书中，初见成果。2001 年，成功开展了反对采纳日本扶桑社教科书的运动，使歪曲历史的教科书未起任何作用。不仅如此，韩国"教科书运动本部"于 2003 年 3 月 27—31 日在中国南京举行了第一届历史认知与东亚和平论坛。中日韩三国研究者以及民间人士批判了日本的历史歪曲，作为共享三国历史认知的办法之一，会议协商同意三国合编历史教材。

东亚三国共同编纂历史教科书有以下几点重要意义。第一，这期间停留在批判日本歪曲历史的东亚三国联合运动，将采取积极行动促进共同叙述历史以及繁荣教育。第二，克服了过去教科书的叙述主体只限定在一国上的局限，将其扩大到"世界市民"

层面。最后，合编历史教材最重要的一点是，各国因民族主义为主的教育而累积的相互误会和不信任的壁垒被拆除，开启了相互信赖和尊重的局面。在此期间东亚三国只注重在国民国家框架内对本国历史的浓墨重彩，因此历史叙述全面烘托了民族主义。从这一点上来看，之后将发刊的合编历史辅教材将在摆脱民族主义一边倒的教育，促进以尊重和平、人权、民主主义等人类普遍价值为主的开放教育方面具有重大意义。

共同历史教材的编纂过程，是经过第一阶段（从2002年南京会议到2003年12月），对目的、参与范围、合作方式、对象、主题、时间选定、执行机构、题目出版进行了讨论，12月21—22日为了辅助教材的开发，中日韩通过第二次三国事务会议，协商确立了大纲。大纲大致由四个方面构成：①港口开放和近代化（19世纪中叶—1910年）②日本帝国主义的扩张和中韩两国的抵抗（20世纪10—20年代）③侵略战争和民众的损失（20世纪30—40年代）④"战后的东亚——和解和联合"。

在第二阶段（2003年1—12月）中解决了中小纲领的选定、编纂国的分工、编辑方向、题目等问题。特别是在决定中小纲领的过程中由于各国观点不同，困难重重。在9月北京第四次国际会议上，协商了从序章到第三章的目录和编纂担当国家以及编辑方向。接着，在11月首尔第五次国际会议上最终决定了目录，确定了编辑体系和叙述原则。协商题目也并不容易，特别是目录要全面涵盖侵略和抵抗、合作和纷争、战争与和平等层面，以及凸显编辑目的。除了序章和终章，全书由四章构成。各章分别由中日韩代表三人组成的编辑委员会主管，各个章节安排适当的执笔者。对各个条目中难以单独插入的人物、事件，在后面附有辅助说明栏，并在各章开头设置概要，同时以地图、统计和插图为主，添加章尾小结。

第三阶段（2004 年 1—10 月）是编纂的最终阶段。在 1—3 月组建了原稿编写与内部原稿审查会议，会议由原稿咨询委员会和教师原稿审查委员会组成，三国讨论了相关各节说明栏提议案。3—5 月中、日方将原稿翻译为韩国语，三国首次互相传阅原稿。5 月通过东京第六届国际会议确定了首次原稿审查和专栏。并且通过 8 月首尔第七届国际会议，协商了第二次原稿审查、概说、小结编写方式与所占比重、脚注排版方式、出版、宣传等相关问题以及出版时间。9 月北京第八届国际会议上确定了图片资料校订、脚注问题，编写者的首次选定等。10 月南京第九届国际会议上进行了第三次原稿审查。最终在 2005 年 1 月东京第 10 届国际会议上，进行了原稿修订、润文、翻译工作，2005 年 5 月 26 日三国同时出版。

共同历史教科书辅助教材的对象基本上是中学生。虽然一个人基本的历史观在十五岁之前已经基本形成，但三国存在不同程度的差异，以受高考压迫的高中生为对象有点勉强。因此，有人提议首先把中学生程度的东亚近现代史作为辅助教材，以此为基础扩大到高中生和小学生，以后将时期从古代扩大到现代。

有人提议不把辅助教材作为通史而是作为分主题学习用教材，对辅助教材包含丰富的资料、事件、证言等见解进行了改进。同时，辅助教材要以市场销售为目的。韩国自 2005 年 4 月 6 日起已经在网上进行了大量的宣传和预售，5 月 26 日韩民族新闻出版社正式出版了这本名为《开创未来的历史》的教科书。本书受到企业的赞助支援，通过全国教职员工会向现场学生介绍，并通过外交通商部和教育人力资源部向在日同胞流通。在中国以《东亚三国的近现代史》为名，由社会科学文献出版社出版。在中韩两国得到了政府和民间的大力支持，而在日本，由于政府党派的强硬路线和右翼势力甚嚣尘上，遭遇出版以前就预想到的难关。但由于中韩两国舆论对日本民间社会的影响，加上日本国民自发性的关心和支援，《开创未来的历史》（高文研）得以畅销，好评如潮。

中日韩合编历史辅教材有以下几点值得期待的成果。首先，历史歪曲问题并非只在日本教科书中出现。虽然有不同程度的差异，中日韩都存在或大或小的偏向。如关于停战和国家建设，韩国教科书强调韩国独立是独立运动的产物，几乎没有涉及在历史清算和新国家建设上具有重要意义的土地改革，以及战后赔偿和战后责任等问题。同时没有对在韩日本人、在韩华人进行叙述，也没有包含在日同胞和中国朝鲜族等内容，以及他们在东亚三国关系中所具有的意义。只提到了日韩外交正常化是朴正熙政府外交和经济发展的一个环节。相对而言，中国历史教科书的叙述包含了对少数民族的极大关心，但没有叙述少数民族形成的过程和他们的历史文化生活，主要提及中国政府对少数民族的政策。但是日本的教科书（除扶桑社之外的五种教科书）对在日朝鲜人问题、阿依努族问题、冲绳问题等都略有提及，基本上没被民族主义所羁绊，更强调普遍的人权、和平的重要性，这一点反而是值得中韩两国学习的。以通过树立东亚共同的视野，期待克服各国历史教科书中显现的偏向。

第二，共同历史教科书的出版可以摆脱在各国以应试考试为主的教育问题，成为真正教育的扩展工作。事实上，在韩国历史教师集会上已经出版了中学用教科书，批判了政府发行的僵化历史、形式化历史，被称为"活的韩国教科书"。教科书并非像当初担心的一样，而是一经发行便十分畅销，所有新闻媒体都对其大书特书。不仅教师和学生，连一般人也认识到国情教科书中的矛盾。不仅如此，作为学校课堂的补充教材，教师们各自制作了教案，仅最近在历史教师集会上展示的教案种类多达数十种。

最后值得期待的是使学生通过正确的历史认知，摆脱本国中心主义，树立东亚共同体认识，描绘东亚社会新的未来。

中日韩三国青少年历史体验夏令营

在联合教科书的编纂、出版工作进行的同时，教科书运动本部着手开展日韩青少年历史体验活动。该活动以青少年为对象，旨在创造和平，促进共存，为东亚青少年提供历史现场体验和理解彼此文化的空间。

青少年是通过共同历史辅导教材对东亚历史进行新教育的实际需要者，为他们开展多方面的活动具有重要意义。青少年历史体验夏令营 2002 年 8 月 18—22 日在韩国，2003 年 7 月 25—30 日在日本的广岛、京都、奈良举行。最初由于语言等问题与中国的交流比较困难，只限定在日韩两国。从 2004 年第三届夏令营开始，应中方的要求，中国学生一同参加。应参加第三届夏令营中方的提议，2005 年 8 月 4—10 日以"开启未来历史"为主题的第四届夏令营在北京开营。

起初以初中学生为主，但随着第一次参营学生的持续参加，并带来自己的朋友参加，高中学生的参与也越来越多。第一届营员大约四十名，第二届实际营员达一百三十名，第三届大约有八十名韩国学生、三十六名日本学生、二十名中国学生参营。

项目包括各种亲身体验活动，其中有亲自拜访前慰安妇和参观广岛等教科书中未曾学习的历史现场。此外还有通过文化交流互相理解的过程，虽大部分附带翻译，但学生自己也能进行交流。特别是日方参营者中有在日朝鲜学生，对日韩学生的交流起到了媒介作用。

在青少年项目中，最重要的是得到学生父母的同意。运动本部向学生家长邮寄信件或使父母直接参与到活动体验前的教育过程和事后的评价项目中，获得了学生家长的极大关心和大力支持。特别是为习得语言而盛行海外研修的时期，开展以历史为主题的海外现场观摩似乎得到了学生家长的肯定。体验活动不另外接受企业的赞助，食宿费和交通费自行承担。

事例 2 中日韩东亚环境市民会议、妇女环境联合

如果说之前提出的事例主要与历史清算相关，那么与像环境一样悬而未决的问题相关的活动，是东亚民间联合运动无法逃避的重要部分。因为环境问题是伴随经济急速发展和以发展为中心的国际经济政策所发生的产物，事实上可以看作资本主义全球化的结果。因此，虽然无法完全抵抗全球化的浪潮，在对其反省和共享方案上，可以看出环境联合运动具有重要意义。

环境问题在性质上不限定于一定区域，像"里约+10会议""LEAD"一样，虽然在全世界范围内正展开积极的联合，但具有东亚地区联合性质的活动也不少。其中具有代表性的是"中日韩东亚环境市民会议"。为解决韩国、中国、日本环境问题定期召开会议，其动向与结果通过三国语言翻译并发布于网络。第一次会议于2002年以"韩国·日本·中国，迈向可持续的东亚"

为主题在东京召开。第二次会议于 2004 年 11 月以"寻找中日韩生态共同体未来讨论会"为主题在首尔召开。

第一次会议上，概括中日韩三国环境问题和市民环境运动的背景，共同讨论生态保护和沙漠化、沙尘暴、水资源等主要论点。下面对会议提出的议题中值得关注的部分进行整理。

第一，提出了东亚的环境问题不是一国的问题，认识到这是伴随全球资本主义化、新自由主义化的附带结果。当然在这种认识上是国家分别展开的。特别是，韩国的市民环境研究所代表的发言中，韩国社会上的市民环境问题通过新自由主义经济秩序的重组，脱离曾消极抵抗政府环境政策的一贯倾向，通过评价积极向反世界化运动的转变，明确环境运动的问题可以称作反世界化·反新自由主义化的政治运动。

第二，提出为了解决东亚环境问题，需要跨越国界合作的认识。当今的环境问题变得多样化、复杂化、国际化、结构化，因为还未表面化，需要认识到相互公开各国环境信息以及共同商讨对策的必要性。特别是沙尘暴，最近让东亚各国遭受重大损失。为了解决此问题，从 20 世纪 90 年代开始日本和中国国内的环境 NGO 在中国的沙漠化地区展开绿化活动。认识到沙漠化是全球性问题，需要克服任何单方面为加害者和被害者的狭隘认识。

第二次首尔会议上，以生态共同体问题为主要议题进行了讨论。生态共同体是为了摆脱现代文明带来的生态破坏和人性丧失，作为方案运动所提出的。韩国的市民环境信息中心、中国的中日韩环境信息分享支援服务组、日本的东亚环境情报发信所分享在各自区域存在的生态共同体事例。并提出构造三国的合作机制。在此组织中对于各国的生态共同体，通过脱机形式的跨越网络，三国的网络构建和持续合作工作以及关于管理的方案正在摸索之中。

还有，东北亚妇女联合起来进行"妇女环境联合"活动也备受瞩目。妇女环境联合开始于 1995 年北京召开的第四届世界妇女大会"妇女与环境分组"，正式成立于 1999 年。他们的活动中值得关注的是，从 2001 年开始每年召开一次"东北亚妇女环境会议"。第一届环境联合宣言文中，他们首先要求妇女平等参与环境政策决定的过程。其次，在性别上，保存·恢复环境和强调亲环境的生活方式。第三,宣告共同解决沙尘暴、酸雨、围海造田、海洋污染、环境荷尔蒙和女性健康、沙漠化、过度消费、生态危机、反环境农业等东北亚妇女所面临主要环境问题的目的，组建东北亚妇女环境网络。

他们联合的主要对象是与"地球村""自然之友""China LEAD"类似的中国环境团体，进而与中国的全国妇女组织"妇联""陕西省妇女联合会""内蒙古妇女联合会"类似的区域妇女团体也紧密团结在一起。2004 年 11 月第五次亚洲妇女环境会议上提出了"沙漠化和水问题"相关实践活动，妇女环境运动家访问陕西省和内蒙古是其中的一环。2004 年访问中国的意义是环境联合在国家代表团体之间的联合阶段上更进一步，中国内部污染与缺水、荒漠化等环境问题最严重的地区（天津、内蒙古、陕西省）的民间团体之间的联合缺口较大。

事例 3　韩国移民劳动者人权中心

目前提出的事例，大部分东亚联合活动中日韩或中日韩之间的联合成为主流。当然韩国现代史的很多部分与日本殖民地经验有关，与中国、日本有着直接或间接的现实关系。这一点是可以理解的。还有东亚联合，其范围限定在中日韩三国，从其他角度来看，东亚内部还形成地区霸权主义，相对弱势的东南亚仍有被他人排斥批评的余地。

东南亚社会如我们想的一般，与我们不远。东南亚比起韩国、中国大陆以及中国台湾地区经历了更为复杂的殖民历史，太平洋战争爆发后日本"大东亚共荣圈"肆虐之时，也有过被日本占领的共同历史。还有，"二战"之后从殖民地开始独立并建设近代国家的过程中（例如，印度尼西亚的情况），日本殖民地的残渣以军事独裁权威主义政府的形式得以保留，这种历史经验也与我们共享。

现在韩国社会上，距离东南亚劳动者开始移民已经有十余年了，据 2002 年统计，约有 43 万名外国劳动者在韩居住。从地区层面来看，亚洲地区不仅是世界移民劳动中规模最大的地区，也是流动性层面十分活跃的地区。亚洲地区的移民劳动，最初起源于 20 世纪 60—70 年代中东以石油生意为基础掀起的大规模的建设之风，进入 80 年代蔓延到日本和韩国等地，90 年代以 IT 产业为中心的技工移民大幅增加。

这期间通过劳动，许多部分虽然开始改善，但由移民劳动者构成的韩国社会底层，连基本人权都无法得到保障，这种情况已经成为问题。面对移民劳动者运动，最重要的态度是认识到从移民劳动者非人格、非人类的待遇和环境开始保护，而不是在单纯同情或具体方面上，通过社会少数人的包容，以韩国社会的改变为目标。移民劳动者在更为成熟的市民社会的发展上，跨越国籍、人种、文化的差异，走向多元文化社会。在这一点上比起任何人对我们自己都具有重要意义。

以这种观点为背景，下面陈述一下以韩国移民劳动者人权中心（以下简称人权中心）为中心的活动情况。

在韩国，移民劳动者问题是 1994 年经济正义实践市民联合会通过 1995 年明洞圣堂静坐示威开始提及的。静坐示威导致 1995 年外国人劳动者对策协议会（以下简称外劳协）的成立。笔者所拜访的人权中心所长梁慧宇就曾作为外劳协的创始人参与活动，也是如今人权中心的创始人。人权中心的上层是由地区社会活动专家、律师、医生等专家，以及各共同体代表组成的二十余名理事会构成。下层是由六名常务委员构成的实务者会议、各共同体代表构成的运营委员会以及支援活动家组成。

人权中心的活动主要有：①法律商谈和医疗服务；②教育文化福利活动；③婚姻家庭援助项目；④区域市民社会与劳动组织的联合活动；⑤国际联合活动。

法律商谈和医疗服务

最重要的工作是移民劳动者遭遇工作中不合理的薪资或暴行时，能够通过法律商谈提起民事诉讼，给予法律上的援助。为此常务委员进行了长期的教育活动，经常从务工人员、律师团体获得支持。

对于移民劳动者而言，医疗设施是非常重要的问题。因为韩国移民劳动者中占多数的未登记移民者无法获得医疗保险。人权中心与仁川地区的私立医疗共济组合联合行动，为移民劳动者能以低廉的价格获取较多的医疗优惠进行支援。最重要的是人权中心内部设置的牙科诊所让人十分印象深刻。每逢周日便会去"为健康社会的牙医协会"接受治疗。目前正考虑实施诊费不分项目均为不到一千韩元的保险优惠。

教育文化福利活动

第一次访问人权中心，印象最深的是那句"识得韩文，便晓权利"。大部分移民劳动者因不了解韩文，而在生活和工作上受到不合理的待遇。韩文教育是非常有必要的。韩文教育分为初中高进行，放假期间会进行学习歌曲或陶瓷等文化教育项目。并且从 2005 年开始计划以移民劳动者和邻国劳动者为对象开设简单劳动法和韩国劳动运动史讲座。

还有，在人权中心内部开设了约二十平方米的图书馆，不仅拥有韩国资料，还有在东南亚各国接受申请的书、试听资料。考虑到移民劳动者的学历大都不低，图书馆的重要作用在于为其创造能够进行健康业余生活的条件。现在图书馆内有阿拉伯语、越南语、俄语、英语四种语言三千余本图书、五千余部影像。目前正举办图书捐赠和招募服务活动者活动。从 2005 年 4 月开始，通过社会福利共同募捐会，购入电脑，以移民劳动者们为对象进行电脑教育。

婚姻家庭服务项目

人权中心的活动中，最有兴趣的是婚姻家庭服务项目。大部分情况是外国男性与韩国女性间的婚姻，即主要以通过工作场所中的交往而结婚的家庭为服务对象。外国配偶无法适应韩国的环境和文化，经常碰上举步维艰的情况。比起移民劳动者，他们的子女是更大的问题。因为过去韩国的国籍法只承认父系血统，对于国际婚姻夫妻的子女不给予韩国国籍。1997 年外国人配偶也可以获得韩国国籍，1998 年父系血统主义向两系血统主义转变，子女也可取得韩国国籍（双重国籍）。但完全无法适应韩国文化的情况不易减少。也有接受本国较高教育的男子们来到韩国，在最底层的生活过程中受到挫折或陷入酒精中毒的情况。为了解决此类问题，人权中心从2003年开始经过约十个月间的筹备聚会，促进了婚姻家庭共同体项目。

具体活动中需要的情况，虽然要结合精神科治疗，但大部分的服务项目注重移民劳动者的婚姻家庭维持健康生活状态。特别是对于出生在此类家庭的孩子们因外貌或肤色而被学校团体排外，人权中心建立中心委员—（韩国子女）学生家长—教师的网络，对孩子们进行人权教育。人权教育以仁川地区小学为对象，主要通过体验教育进行。还有以家人为对象进行的家庭夏令营。为了意识到自己经历的痛苦和挫折不是个人问题，准备了能够提出组织方案的空间。特别是作为配偶学习语言的一环，人权中心内部以与外国人结婚的韩国女性和子女为对象举办孟加拉语、巴基斯坦语的讲座。

地区市民社会与劳动组织的联合活动

人权团体进行的许多此类工作，与地区的市民团体结成了紧密的联系。人权中心与仁川地区二十三家市民团体分别建立了联系。例如，通过联系全国教职员工会，共同开发移民家庭学生子女人权项目。联合为"健康社会的牙医协会"进行医疗服务，联合律师协会展开商谈活动。此外，开展性少数团体、良心拒服兵役者同盟、残疾人、和平团体等人权团体的联席会议。

国内劳动组织的情况，在过去对于移民劳动者的认识较低，特别是建设工会、临时工工会对于移民劳动者，几乎是敌对态度。而且，近来民主劳总领导层开始将移民劳动者问题看作劳动派遣问题，公开倡导必须了解世界劳动者团结的问题。在具体的工作场所，这种立场好像看不到较大的效果。但最近一年间民主劳总十分关心此问题，劳总内部劳动派遣工作室单独设置移民劳动者负责人，民主劳动党的支援也逐渐增多。

整体看来还处于微弱阶段，但在东亚内部，移民劳动历史悠久的日本还对移民劳动者运动存在讥讽的态度。与之相比，韩国移民劳动者运动的现实是肯定的。

国际联合活动

亚洲的移民劳动者联合团体有 AMC（Asia Migrant Center，亚洲移民中心，香港）、MFA（Migrant Forum in Asia，亚洲移民论坛，菲律宾）等。对于联合活动自身，梁慧宇所长是怀疑的。这种联合活动大多通过一年一次国际会议，停留在分享经验和资料层面。不是以现场活动家，而是以懂英语的学者或知识人为中心，丧失了现实性，但是韩国的状况因此被国际社会所知，并向韩国政府传达抗议书或说明书，在此方面有所帮助。

同时，在人权中心，苦恼的国际组织与这种国际会议方向完全不同。通过十余年间的移民劳动者运动，虽在转变制度体系方面，国际法修订或劳动基准法适用、产业灾害补偿适用、研究生退休金制度等得到改善的不多。移民劳动的问题最终是巨大资本、世界化，即全球化部分的移民劳动者在本国组建家庭生活，来韩国苦尽甘来，再次不适应本国，经历破产或再次回到韩国，选择非法滞留者的身份。

他们来韩国反而永远无法回到起初曾生活的共同体，成为地球村的永久漂流者。为了解决此类问题，人权中心所苦恼的是如何为健康回国、适应做归国准备活动。虽是极少数，其中回思韩国体制中参与移民劳动运动的经验，派遣回到本国主导劳动运动的活动家。也许说不定这是人权中心指向的真正国际联合活动。

三、结语：从"民间联合"展望东亚地域秩序

民间联合活动的重要意义在于，通过国家和分离的社会作用，弱化了国家走向极端的可能性。比如说，关于最近日本"编写新历史教科书集会"，北川东子对于产生这种不合理的极端主义的根本原因，认为是缺失能够解体"国家神话"的对抗的叙述。这里所说"对抗的叙述"的可能性可以在民间产生的多种实践和意见中找到。如果像通过过去的历史经验学到的一样，当历史、政治、社会、文化的叙述集中到国家层面时，其结果是无法摆脱自我中心主义的自恋情结的。而只要在这种自恋中，为全球化时代共同繁荣和生存的新区域秩序构想就无法成型。北川东子借助日本德日研究家三岛宪一的研究表示，为了直面"国家的历史"制造"社会的历史"的"亡命者的视点"，需要"外部的视点"，柔化"国民"的固定整体性。如果能够在"东亚"地区中发现自身位置的，那么教育、环境、劳动、和平、人权等与我们生活相关的许多问题都可以迎刃而解。

东亚在近代之前依照以中国为中心的秩序运行。从 20 世纪之后开始依照以日本为"盟主"的"大东亚共荣圈"体制运行。从历史来看，所谓东亚这个区域概念，经常以某个国家为"中心"或"盟主"的体制中展开。如今我们为了应对"9·11"恐怖袭击事件后公然的美国霸权主义重新对东亚这个区域共同体提出要求，而某个国家为"中心"的区域概念仍然是一块看不见的绊脚石。之所以要警惕这区域共同体的构想，原因在于称

作东亚区域共同体的概念中,依然采用国家联合体的观念。故此,我认为跨越国境进行的基层民间团体联合,能够为新区域共同体产生的健康构想提供重要的基础。事实上,东亚各国许多民间团体在线上和线下相互构建了网络,这一点需要正视。东亚区域共同体不是源自抽象的理论或观念,而是在已经进行的实践中确保了其可行性。

在东亚区域共同体构想中,需要思考一下朝鲜半岛的作用。最近卢武铉政府乘着"韩流"的春风,提出了东亚文化的"枢纽"论。就像吴静恩所指出,"枢纽"论在东亚不是新奇的流行语,是东亚诸国共同谋求的关口。今后朝鲜半岛想要在竞争国中处在枢纽位置,需要对几个重大的难点进行仔细的讨论。其中最重要的就是安保环境的缺失。这里想要关注的是称作分裂国家的不利条件,但这反而产生了朝鲜半岛文化中心地的可能性。具体来说,这是长期抵抗持续的军事对垒和独裁体制斗争的遗产,在韩国产生一个东亚最富有活力的市民社会。正如之前提及的事例,东亚民间联合的网络构建中,韩国占据重要的地位。这是因为,虽然其主要依存的是韩国社会的民主化力量,但其前提是韩国社会在政治军事上处于最敏感的位置,而地理上看它也处于连接日本和中国这几个强大国家的中间地带,这些都为其枢纽的位置提供了可能性。

关于文化"枢纽"论,对于"韩流"文化现象表现的可行性也需要批判性讨论。申贤俊批判"韩流"确保韩民族文化自豪感的爱国主义这一说法的同时,主张"韩流"的起源 K-pop,事实上是 1970 年通过对日本和东南亚外来文化的吸收、协商、抵抗等复杂的过程所形成的。他的主张值得瞩目。还有,最近毛利嘉孝所写的《日式韩流》，指出"韩流"电视剧中存在的日本痕迹。这种议论不是对韩国文化顺从性的污蔑，反而将"韩流"从亚洲文化的媒介的角度，作为"文化枢纽"能够重新看到韩国文化的可行性。也就是说，"韩流"之所以能够在中国、日本、东南亚等地受到欢迎的根本原因，是它能够从被认为是韩国固有优秀文化的狭隘的民族主义中脱离出来，与不同文化融合，再创出新的事物来。因此我们需要关注的是能够亲近不同文化的"多文化的"可行性。这与金元培所说的"软性的力"为依据中心的可行性讨论相契合。具体来说，一跃成为欧洲物流中心和经济枢纽的荷兰，其根本就是使用语言表达能力、多文化运营能力等软性实力。韩国是东亚语言圈内运用多语言表达人口最多的国家，也通过"韩流"成果证明了多文化运营的可行性。

最后要指出的是，在学术界进行的联合活动和民间联合的关系。事实上从90年代开始，以中日韩为中心的国际学术联合活动增长速度十分可观。这些国际学术活动大部分财政依靠国家支援，活动存在受预算左右的盲点，讨论止步于知识交流方面，具有无法与具体实践相连接的局限性。在这一点上，在准备新区域共同体构想的基础意义上，需要思考民间联合和学术联合间的"联合"。当然市民团体虽然也有专家学者以个人名义参与其中的情况，但可见组织联合的缺失。民间联合提起的话题，涉及人权、环境、劳动、教育、和平等东亚人日常生活相关的问题，这是成为新区域共同体构想基础必须做的。学术界中通过专业性讨论，为更加深入东亚区域共同体构想的讨论做贡献。就环境问题而言，它作为全球新自由主义的对抗运动，需要扩大范围。移民劳动者的人权问题，必须要扩大对我们社会的普遍人权与多文化社会转换可行性的讨论。并且，反战和平、女性、教育问题作为新地域秩序的精神基础设施，也是需要提出的问题。

（白永瑞等编，《东亚的地域秩序——跨越帝国走向共同体》，
创作与批评出版社，2005 年）

金明仁

对亚裔留学生所寄托的希望

　　根据教育人力资源部的统计资料，2007 年去海外留学的韩国留学生中大学生以上人数达到 217959 名。1883 年，俞吉浚作为访美使节团报聘使赴美，就此成为海外留学生。如此算来，我国从海外引进知识和学问的源头已有一百二十多年的历史，这期间实行着艰苦而漫长的近代策划。我们近代策划的全部虽不能说是起源于国外，但不可否认的是，至少现在韩国社会的基本制度和主流思想的认识是来源于大部分海外留学派的归国智囊之中。其结果是韩国现在处在分断的恶劣条件下，仍然跻身世界经济的前十位。并且，在民主主义进步程度上，在世界舞台上也并不亚于其他国家。尽管目前仍困难重重，但解决前景并不黯淡。目前韩国已经跨过了难关，成为一个筹划为人类发展做何种贡献的国家。

　　同一资料显示，2006 年 4 月，来韩国留学的大学毕业外国学生达到了 32557 名。也就是说，超过三万名的外国年轻人在一生当中最珍贵的时间里，为了在韩国学习各种知识，背井离乡而来。目前，韩国之所以吸引了外国年轻人，是因为它在 IT 业及半导体业等方面位于世界领先水平，同时其经济发展和民主发展并驾齐驱的国家形象也被广泛认可。另外，"韩流"这种独特的文化现象也成为不少年轻人接踵而来的原因，但当他们真正来留学之后，韩国给他们的就并不是那种单一片面的印象和传闻，而是赋予他们一个整体的经验。这些年轻人在韩国修完必修的课程后，回到各自国家后将把在韩国学习到的经验、知识和思想作为基础来应对本国的现实。因此，应该教授他们什么样的内容这一问题，现在已经成为一个国家性甚至国际性的课题。

据对这些留学生生源地所做的统计称，共计 32227 名留学生中，亚裔留学生有 29227 名，为总人数的 90%，而其他地区仅有 3330 名。目前尽管中国留学生在全体亚裔留学生中占近 70%，呈绝大多数，但来自东南亚、南亚、西亚等亚洲各国留学生的数量也在与日俱增。尽管也应该重视来自欧美等其他地区的留学生们，但毫不夸大地说，如何认识来自亚洲各国的留学生以及应该对他们寄予何种期待等问题，才是我们留学生教育问题的核心。换言之，对于那些绝大多数想在韩国学有所成的亚洲学生，传授给他们正确的教育内容，并且使他们将来回到本国也能以从韩国学到的东西作为基础，成长为亚洲和平稳定和善邻友好的栋梁，我们究竟能做些什么？

当然，对理工科学生来说，在基础学科和尖端科学领域学习韩国的先进技术就可以为本国的科学技术和产业发展做出贡献。但是，即便是理工科的留学生，他们在韩国生活短则一至两年，长则四至五年，也在不断学习、体验韩国的语言、文化、习俗、制度，加深对韩国的认识后回国。因此，使他们正确认识韩国及韩国文化、使他们记住韩国是亚洲（各国）的友好伙伴，这才是最重要的。这一点，应该成为近年来积极宣传海外招生的韩国大学首先应该考虑的问题。不知是不是我孤陋寡闻，到目前为止，还没听说哪所大学为亚裔留学生提供除其他课程以外的教养课程或者和他们一起进行多文化的交流而做出系统性的努力。

对于人文社会学科的留学生来说，这个问题更为重要。对于学习韩国政治、经济、社会等社会科学专业的学生们或学习韩国的文学、语言学、哲学的人文学专业的学生们来说，学习的过程本身只是他们以自身对亚洲的感觉为基础，理解比较韩国与本国的社会、文化的过程，完成学业回国后他们大都以自己对韩国的人文社会科学的理解为基础，在亚洲环境中进行理论的、实践的活动。因此，特别是对这些人文社科的留学生来说，大学应该提供一个良好的平台，让他们能够超越、摆脱对韩国社会和文化的恣意性以及经验性的理解，使他们能够在单科大学内进行相互主体性的、沟通性的文化比较，进行与本国社会文化相关的比较文化探索。

亚洲现在正在逐渐由一个抽象的理念转向具体的实体理念。虽然我们无法下结论亚洲是否能成为西欧式的现代或者现代西欧的对策，但从亚洲至少没有沿袭西欧失败或西欧的局限性这一点，以及亚洲各国和民众都有对西欧现代弊端的苦痛的共识来看，在世界史中亚洲的作用里是有很多值得期待的。同时，现在亚洲各国在人力、物力、文化的交流上，从一直以来蜻蜓点水式的水平，已经上升到了确保质和量的阶段。

在这种状况下，可以说广泛分布于亚洲各国之间的新时代的留学生是相当重要的。因为他们才是用智慧和实践去探知亚洲如何跨越近代的主体。为韩国与日本、中国共同输送人才的韩国大学，目前亚裔留学生已超过三万人，不久将达到五万，乃至十万人。我们不能将他们看成填充学生人数或单纯塞入"韩国"的对象，而应该将他们看成形成世界史新潮流的亚洲共同的栋梁之材，如今到了我们及时转换意识的时刻了。

（崔元植等编，《东亚的今天与明天》，创作与批评出版社，2009 年）